脑瘫儿童引导式教育项目系列

中国残联长江新里程计划项目办公室　中国康复科学所 ◎ 组织编写

家长工作锦囊

PARENT WORK KIT

中国残联社会服务指导中心　主编

家长工作锦囊，把脑瘫儿童康复带到家庭，赋予家长培养孩子的能力与动力，让家庭成为孩子成长的沃土。

脑瘫儿童引导式教育项目系列编写委员会

主　　编：郑毓君　李建军
副 主 编：刘宇赤　郑飞雪　何丽辉
编　　委：王小宇　王彩云　韦玉琴　刘彩红　刘　璐
（以姓氏笔画为序）
　　　　　杨施华　杨燕燕　李远梅　李丽映　何宝莺
　　　　　余丽亚　张一奚　陈　艳　陈惠英　周访华
　　　　　赵秋华　骆怡潋　莫　文　徐　凯　黄卫平
　　　　　黄丽华　曹丽敏　龚　勇　彭　辉　蒋佳佳
　　　　　韩佳馨　程　颖　温　洁　蔡　中　戴素青

家长工作锦囊编写组

主　　编：郑毓君　刘宇赤　郑飞雪
编　 者：王彩云　韦玉琴　刘彩红　刘　璐　何宝莺
（以姓氏笔画为序）
　　　　　陈惠英　赵秋华　莫　文　黄丽华　龚　勇
　　　　　程　颖
手绘插图：郭铭隽

序 / 01
前 言 / 05

第一章 理论篇

第一节 引导式教育的理念与元素 / 02

第二节 脑瘫儿童的发展 / 08

第三节 脑瘫儿童行为问题的处理 / 026

第四节 脑瘫儿童的营养 / 044

第五节 儿童常见疾病的预防及治疗 / 048

第六节 癫痫的认识与处理 / 058

第二章 操作篇

第一节 家长守则 / 064

第二节 基本动作模式和异常模式 / 069

第三节 基本动作模式与日常姿势 / 075

第四节 挛缩的预防与处理 / 084

第五节　辅助器具的选择与使用 / 091

第六节　训练目标 / 095

第七节　转介与追踪服务 / 098

第三章　心理支持篇

第一节　家长社会支持 / 108

第二节　文化娱乐活动 / 111

第三节　家长互助 / 119

第四章　共享篇

第一节　广西云彩社会工作服务中心 ——夫妻营 / 128

第二节　武汉市融乐助残服务中心 ——家长班 / 138

第三节　厦门市湖里区小蜗牛身心障碍者家庭支持中心
　　　　——爱心同乐日 / 165

序

党和国家历来高度重视残疾儿童康复工作。自20世纪80年代以来,通过制定残疾人事业发展规划、组织开展贫困残疾儿童康复救助项目,残疾儿童康复状况得到显著改善。

2018年6月21日,国务院印发《关于建立残疾儿童康复救助制度的意见》,决定自2018年10月1日起全面实施残疾儿童康复救助制度。标志着我国残疾儿童康复将逐步实现制度化保障,推动实现残疾人"人人享有康复服务"的目标。

儿童期是人心理、生理发展的关键期,康复是提高残疾儿童生存质量、促进残疾儿童全面发展的重要手段。第二次全国残疾人抽样调查显示,我国有0~6岁残疾儿童167.8万人,康复需求十分迫切。但由于残疾儿童康复周期长、投入大,专业机构少,技术人员匮乏,一些残疾儿童亲属康复意识不高,我国残疾儿童特别是贫困家庭残疾儿童的康复需求远未得到有效满足。

面对这样的现状,"长江新里程计划"出资设立脑瘫儿童康复项目,探索通过引导式教育为主的方式,为脑瘫儿童提供以全人发展为导向的综合性康复服务。受中国残联委托,项目由中国残联社会服务指导中心具体执行。

引导式教育是在全人发展理念的基础下,整合康复、教育与社会工作的方法,建立跨专业的融合工作体系:迎合儿童的全面发展,改变专业人员理念、提升综合能力,重视家庭及社会参与,促进儿童回归社会。"长江新里程计划"项目（第三期）脑瘫儿童引导式教育项目通过推广和实践引导式教育，培养建立多专业均衡发展的默契团队，塑造更加自信、快乐、阳光的脑瘫儿童，帮助他们走进学校融入社会，重新唤起家长对生活的信心和希望。

家长是儿童家庭教育的主要实施者，在残疾儿童康复教育过程中起主导作用，家长理念和专业素质将直接影响残疾儿童家庭教育的结果，是能否成功进行家庭教育的关键。同时，研究发现，与普通儿童家长相比，残疾儿童父母面临更大的心理危机，主要体现在他们承受着更大的压力，抑郁和焦虑水平更高，更容易产生自责和沮丧情绪，并且极易产生养育倦怠。

引导式教育在脑瘫儿童康复过程中特别重视家长的参与。在机构家长参与整个康复过程：理解和认同"全人发展"的康复理念、重新审视和了解孩子的能力和发展需要、学习促进孩子身心发展的康复知识和技能，促进孩子主动参与、提高日常生活能力；在家庭，机构工作人员继续通过线上线下咨询和指导，和家长一起帮助孩子融入家庭和社区生活。因此，自项目启动以来，脑瘫儿童引导式教育项目在家长工作方面提出明确的要求，各项目机构因地制宜制定家长工作方案并记录成效。家长培训、家庭跟进服务已经成为机构工作常态，开发了手机APP加强机构与家长的互动，开展各种丰富多彩活动促进家庭和谐，为家长提供技术和心理支持，为孩子健康成长营造良好氛围。在与孩子的共同活动中，家长目睹了孩子的成长，看到了希望，有了信心。家长不再只是照顾者，而变为孩子康复的引导者、康复专业人员的工作伙伴。

本书是由一直致力于在内地推广脑瘫儿童康复引导式教育工作的项目顾问、香港康复专家郑毓君博士组织编写，参与编写的既有项目机构，也有内地从事多年引导式教育的其他康复机构，这些内容都来自于他们多年的亲身实践和工作总结，力求内容实用、可借鉴。在此对所有参与编写的人员表示感谢。由于篇幅有限，难免有不足和疏漏的地方，还请各位同仁批评指正。

脑瘫儿童引导式教育项目组

前 言

家庭是儿童第一个接触的环境，一般情况父母是儿童第一个"老师"。从古代的人伦关系，至近代的社会学、心理学及至神经科学的研究都认为家庭是孕育儿童身心健康发展的最佳温床。由于脑瘫儿童比一般儿童成长缓慢，且需要特别的照顾，他们对于家长的依附比一般儿童的时间长。因此，家庭对于脑瘫儿童尤为重要；家长若能正确与全面认识自己孩子的成长特质、问题与需要，并掌握恰当的引导方法，建立亲密的关系，对脑瘫儿童的成长有举足轻重的影响。

引导式教育强调家长参与，始终视家长为启发儿童学习与成长的重要人物。家长陪伴孩子进行康复训练与教育活动，使他们能直接的认识孩子的需要和发展潜能，同时掌握一些操作技巧。在此基础上，若能有系统地向家长提供操作背后的理念，丰富他们培育孩子的知识，定能帮助家长更有效延伸所学得的技巧，应用在家庭生活中，并且懂得在孩子的不同成长阶段，作出适切的调整。因此，引导式教育贯通式专业团队，除了引导孩子外，工作的重点也在强化家长的能力，从"知、行、意"三方面着手，视家长为合作伙伴。

引导式教育的全人理念，不单纯看重脑瘫儿童的全面而整合的发展，更重视儿童于家庭中生活与成长。家人之间的关系——特别是夫妻（儿童的父母）的关系，是建立和谐与利于儿童成长的环境最为关键的因素。可惜，不少资料显示，特殊孩子的出现，却是引起夫妻关系产生矛盾的导火线。从另一角度分析，不稳固的夫妻关系，家中的特殊孩子很容易成为牺牲者。因此，引导式教育的家长工作不止于关注家长诱导脑瘫孩子的知识与技巧，而是同时重视巩固家庭成员的良好关系，已成为脑瘫儿童成长的支柱。

脑瘫儿童引导式教育项目实施十年以来，在家长工作不同领域中，项目机构累积了不少实务经验，其中，有不少值得借鉴的资料。因此，承担项目执行工作的中国残联社会服务指导中心委托本人组织几个具备较多经验的项目机构：广东省残疾人康复中心、东莞市残疾人康复中心、浙江康复医疗中心、宁夏残疾人康复中心、济南市按摩医院及哈尔滨市残联脑瘫康复中心等机构，整理现存的家长工作资料，编辑成《家长工作锦囊》，以作为其他机构的参考。

此外，项目外有一些一直从事引导式教育的机构也做出了出色的家长工作，如广西云彩社会工作服务中心连续六年举办的夫妻营，湖北省残疾人康复中心以家长班互动的形式提供家长心理疏导，由引导式教育的家长组成的厦门市湖里区小蜗牛身心障碍者家庭支持中心也分享了他们的做法和经验。

《家长工作锦囊》的读者对象除了项目机构的引导式教育团队外，也包括对引导式教育理念深入了解与富有完整施行引导式教育经验的其他机构。因此，所搜集的内容，不会重复解释引导式教育的基本理念与施行措施，而是提供实行家长工作的一些具体方案与范例，让其他机构可以按照本身机构的资源及家长的特质与需要，抽取可以借鉴的资料，在引导式教育系统的基础上实际应用。

在编辑《家长工作锦囊》的过程中，我尽量不为行文的一致性而删改原稿的主要内容，目的是让其他实行引导式教育的机构可以从原始计划中找出思路。因此，这本锦囊是个多姿多彩的杂烩。不过，为了便于同业入门，在表一列出使用家长锦囊的方式及时段，同时每章节前加上"编者按"，提出重点作补充。广东省残疾人康复中心推行家长工作的全年流程列于表二作为同业的参考。

但愿引导式教育同仁从《家长工作锦囊》中得到启发，抱着"三心二意"：爱心、耐心、恒心、乐意及锐意与家长同行，发挥专业人员的素质。

过去十年，中国残疾人联合会得到李嘉诚基金会资助，推行"长江新里程计划"脑瘫引导式教育项目，不单是扶助弱势脑瘫孩子和家庭，更开阔了脑瘫康复的领域，超出医疗的模式，把脑瘫儿童康复带到家庭，赋予家长培养孩子的能力与动力，让家庭成为孩子成长的沃土。

郑毓君

2018年8月22日

表一：家长工作锦囊使用建议

	内容	推行方式	时段
理论性	引导式教育的理念与元素	讲座、观课	新入机构
	脑瘫儿童发展	讲座	训练期间
	脑瘫儿童行为问题的处理	讲座、个别辅导	训练期间
	脑瘫分类	讲座	新入机构
	脑瘫儿童营养	讲座	训练期间
	儿童常见疾病的预防及治疗	讲座	训练期间
	癫痫的认识与处理	讲座	训练期间
操作性	家长守则	讲座、观课	新入机构
	基本动作模式与生活自理的关系	家长指导课、讲课、现场指导、视像	训练期间
	基本动作模式与日常姿势	家长指导课、讲课、现场指导、视像	训练期间
	挛缩的预防与处理	操作、讲课、视像	训练期间
	辅助用具的选择与使用	操作、讲课、视像	训练期间
	训练目标	小组会议、面谈、班级公告栏	训练初期、末期
	家居改造	家访、文档、手机软件	训练期间
	转介与追踪服务	家访、文档、手机软件、信息资讯	末期或结业
心理支持	家长社会支持	调查、走访、询咨	训练期间
	文化娱乐活动	操作	训练期间
	家长互助	操作、座谈	训练期间

表二：广东省残疾人康复中心全年家长工作推行流程图

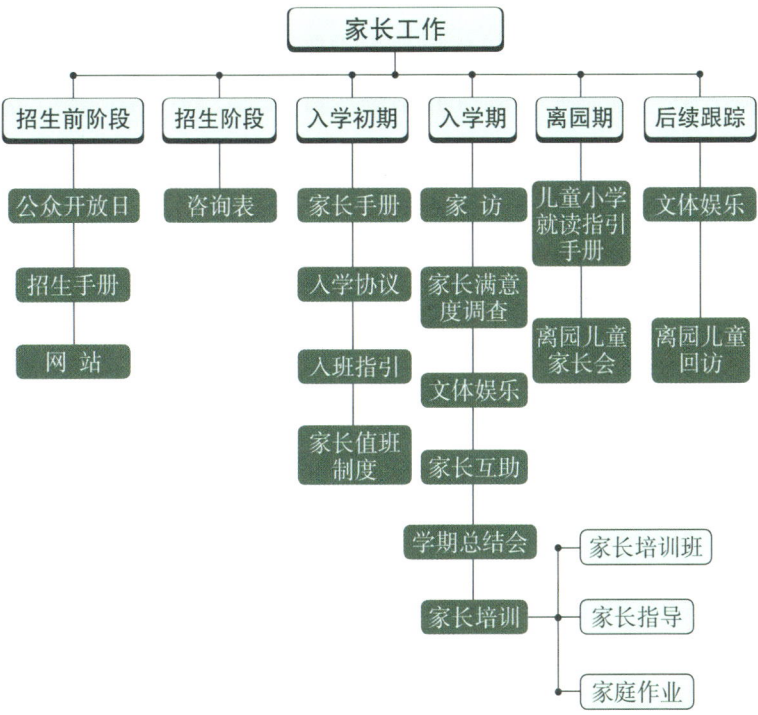

第一章
理论篇

【编者按：家长工作中，若希望更有效地帮助家长掌握培育孩子的方法，必须要让家长明白其中的原理。家长若对引导式教育的理念与施行原则有清晰及完整的理解，有助他们与中心配合及延伸孩子在家中的学习。脑瘫儿童的发展特质、活动障碍的特征及常见的健康问题，如癫痫与营养不良等，以及在管教孩子、处理他们的行为方面，也是不少脑瘫儿童家长的困惑。理论篇收集了几个项目机构在以上提及的方面，整理了符合一般家长需要及能理解的资料，作为其他机构的借鉴或参考。】

第一节 引导式教育的理念与元素

【编者按：引导式教育专业团队可以参考《脑瘫儿童引导式教育：教与学》（华夏出版社，2012；2019再版），制作家长培训教材。以下节录广东省残疾人康复中心与东莞市残疾人康复中心的家长教材作为范例。】

一、广东省残疾人康复中心给家长的简介范例

尊敬的各位家长，感谢您对我们的信任，省康复中心将为您的孩子提供全面康复教育的机会。脑瘫儿童往往面临多重障碍。从发育的角度看，如何克服障碍、正常发育及康复变成了今后主要解决的问题。

我们的机构是一所公立的特殊儿童康复教育机构，通过引导式教育的康复教学方式为孩子们提供一个全面的康复发育的平台，让家长学习更多的正确帮助孩子学习的方法。您的孩子将在粗大运动、精细动作、语言、社交、自理等方面得到全面的提升。

1. 引导式教育带给我们：

（1）让脑瘫儿童在训练学习之初就明确地知道自己的训练目的和训练目标。

（2）让脑瘫儿童在学习某种知识、技能以及在与同伴进行游戏的同时，达到训练运动功能的目的，使他们感受到学习的快乐和兴趣。

（3）有助发展儿童的性格,纠正了儿童不良的行为和情感问题,使得孩子感到虽然自己有残疾,但也能和正常的孩子一样成为一个各方面都"健全"的人。

（4）让脑瘫儿童在家庭化的环境和氛围中进行学习和训练,使他们情绪愉快,没有更多的压力感。

（5）培养儿童良好的生活习惯,让孩子通过接受训练和学习,最终学会如何照料自己。

如果您认同我们的理念,请和我们的老师一起来帮助我们的孩子,让他们有一条自强、自立、自主的人生之路。

东莞市残疾人康复中心给家长与公众的宣传单

第一章 理论篇·05

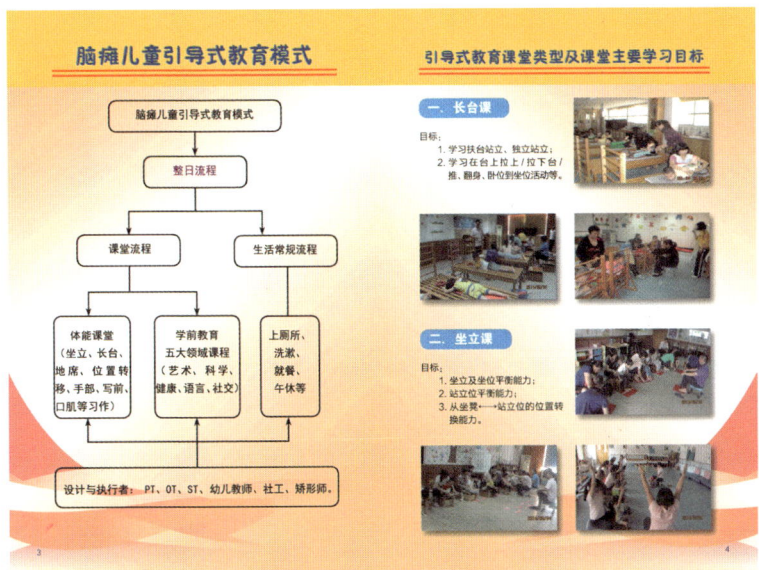

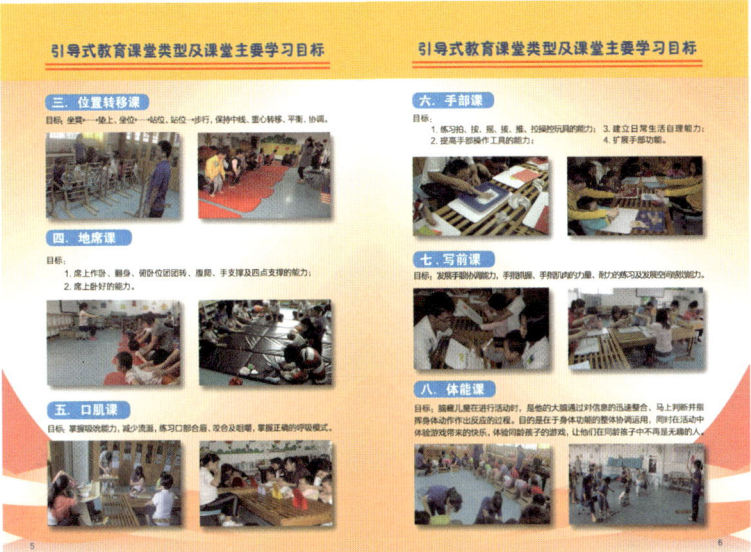

引导式教育之生活常规流程

在引导式教育体系中，每个时刻都是学习的机会，每个时刻都是脑瘫儿童主动运用肢体、感觉器官、大脑思维参与到自然生活与学习环境的活动过程。

生活常规流程：
每个生活常规流程的活动都是有步骤、有要求的，以提升脑瘫儿童进行功能活动的技巧与速度，逐步建立正常的生活规律，建立对自己负责的态度。

生活常规流程含：

1. 上学了，步行上楼梯到课室

2. 上学走楼梯

3. 早上自己来报到

4. 喝水时也要保持良好坐姿

引导式教育之生活常规流程

5-1. 半年前，下下课是推架子开飞机上厕所

5-2. 半年后，我下课推架子或者侧行上厕所步行

6. 餐前擦手及就餐位置准备

7. 大家一起午餐

8. 午睡入室

9. 起床了，准备穿鞋

10. 午睡起来准备步行回课室

11. 刷牙梳洗自己做

关于引导式教育的几个疑问？

1. 引导式教育是一节什么课吗？
答：引导式教育不是一节唱歌课，不是一节游戏课，也不是一节识字、计算课。
引导式教育不是一种"疗程"而是一个学习的过程，它强调：脑瘫是一系列的弱能，不论残障程度如何，每个脑瘫儿童都能学习，都有学习和发展的潜力。

2. 在引导式教育系统里，订立脑瘫儿童功能、心智发展目标的是老师还是康复治疗师？
答：是由物理治疗师(PT)、物理治疗师(OT)、言语治疗师(ST)、康复医生、教师、心理师、家长、社工、矫形师组成的贯通式专业团队一起制订的。

3. 引导式教育的理念是什么？
——原促进脑瘫孩子"知"、"行"、"意"全人发展。（知：知识与智慧；行：方法与技巧；意：态度）
——建立脑瘫孩子的自尊、自立、自信，帮助他们掌握自己的生命过程。
——让脑瘫孩子充满活力，自我肯定、自我实践和有解难能力。

4. 引导式教育是没有PT、OT、ST的吗？
答：不对。引导式教育包含了PT、OT、ST，并且更进深把PT、OT、ST的训练元素融汇于孩子每时每刻的活动与生活中，大大提高孩子的训练时间和应用学习的技巧。

5. 引导式教育没有个别训练，对吗？
答案：不对。引导式教育为每个孩子评估和订立个别的训练目标，在集体训练的时候按个别孩子的训练目标调整要求，有在假日生活流程中按每个别训练目标编排每个孩子需进行的活动，既有针对性又有共融性。

编者语：

家长们，你希望你的孩子终生求医？还是希望孩子有个愉快成长的机会呢？

一个人有多少的能力参与社会活动、学会自理、学会使用社区功能设施，其决定因素在于他的身、心、智发展水平而不是他的运动能力。

从事脑瘫儿童康复工作十多年，我们深刻认识到：医疗模式下的被动康复治疗既不是帮助脑瘫儿的唯一方式，也不是最好选择。我们要学会从孩子的身、心、智（身体、心理、认知、社会交往）发展需要来考虑与选择康复模式。

不管脑瘫儿童的运动功能有多器，都要让他们与普通孩子一样；从小就要有尊严地生活，为他们创造与同龄孩子童年一样的生活体验与快乐。

东莞市残疾人康复中心提供施行方法的范例

内容	施行方法	准备工作
1.引导式教育的理念（定义与康教计划流程）。	1.在新生报名入学前，组织家长观看引导式教育下脑瘫儿童的发展录像，即成功个案。	1.剪辑成功个案的录像。
	2.让新生家长在第一周到旧生班级去观摩，观摩班级如何开展孩子的一天流程。	2.需与被参观班级老师沟通好展示的重点。
	3.每个学期开学初，组织新生家长进行引导式教育理念的知识讲座培训。	3.讲座课件参考：引导式教育理念与元素、脑瘫儿童的发展特质、康教计划流程。
2.引导式教育元素的概念（节律性意向、整日流程）。	1.以讲座形式组织家长进行引导式教育元素的知识培训。	1.节律性意向、整日流程知识培训，培训课件参考：节律性意向、整日流程。
	2.让家长观看一节习作课堂录像，让家长指出课堂中哪些环节运用了什么引导式教育元素。	2.准备一节习作课堂录像。
3.引导式教育元素中的家长角色。	1.先要求家长以无记名的方式书面提交在中心或家庭照顾、教育与辅助儿童康复中存在的困难。	1.准备问卷并对问卷进行汇总分析。
	2.搜集资料后进行汇总，然后召集家长一起讨论分析解决问题的方法与建议（让家长理解自己是培育孩子的核心人物以及掌握自己如何寻求康复技术支持的途径）。	2.准备活动场地，PPT展示提供技术支持的途径。
	3.开展家长家庭康复大比拼活动，让家长通过比赛活动观摩别的家长的做法，以此让家长之间互相鼓励、互相学习。	3.订立家长家庭康复大比拼活动方案。

第二节 脑瘫儿童的发展

【编者按：家长对脑瘫缺乏全面认识的时候，很容易药石乱投，也很容易只着眼于孩子走路能力而忽略其他方面的发展需要。以下是脑瘫及其相关的医疗处理参考资料，为权威性基本的讯息，引导式教育团队可选取用于家长座谈会。接着的两篇资料是浙江康复医疗中心莫文医生提供，精要地解释脑瘫的分类及发展特质，加上插图，让家长易于明白。】

一、脑瘫及其相关的医疗处理参考资料

资料来源：美国全国脑瘫协会(United Cerebral Palsy)，美国优生优育基金会(March of Dimes)，美国国立神经疾病和中风研究院(National Institute of Neurological Disorders and Stroke)。

脑瘫是指一组影响运动和姿势控制的疾病。由于控制运动的一个或多个脑区受到损伤，患者肌肉无法正常运动。该病症状有轻有重，包括各种形式的麻痹。

治疗后，多数患儿的运动能力都可以得到明显改善。虽然该病症状可能随着时间而改变，但从定义而言，脑瘫并非进行性疾病。因此，如果受损程度增加，有可能是由脑瘫之外的病因引起的。

许多脑瘫儿童还患有其他需要治疗的疾病，这些疾病包括智力低下、学习能力缺失、癫痫和视听言语障碍。

通常儿童到大约2至3岁时，才被诊断出脑瘫。每1000名3岁以上儿童就有大约2至3名患有脑瘫。美国约有50万名处于各

年龄段的儿童和成年人罹患脑瘫。

脑瘫的三种主要类型：

1. 痉挛型脑瘫。约 70%～80% 的脑瘫患者为痉挛型脑瘫。该病表现为肌肉僵硬和运动困难。当双腿均受到影响(痉挛型双瘫)时，患儿可能难以行走，因为臀部和腿部的绷紧肌肉导致双腿向内转动，并在膝关节处形成交叉（即剪刀腿）。其他患者仅有一侧身体受影响（痉挛性偏瘫），而且往往臂受到的影响比腿更为严重。最严重的类型是痉挛型四肢瘫，该病表现为患者四肢及躯干都受到影响，往往伴有控制口和舌的肌肉受累。痉挛型四肢瘫患儿具有智力低下及其他疾病。

2. 不随意运动型脑瘫。大约 10%～20% 的脑瘫患者表现为不随意运动型脑瘫。该病累及全身，它的特点是肌张力出现波动（肌张力偏低或偏高），有时还伴有不受控制的动作（例如缓慢转体或快速抽筋）。患儿通常难以学会控制身体坐下和行走。由于面和舌的肌肉也可能受到影响，患儿还会出现吸吮、吞咽和言语困难。

3. 共济失调型脑瘫。约 5%～10% 的脑瘫患者表现为共济失调型脑瘫。该病影响平衡与协调能力。患者出现步态不稳，也难以完成需要精确协调（例如写作）的动作。

正常的脑发育在妊娠期和围产期容易受到很多因素的干扰，从而造成脑瘫。大约 70% 的脑瘫患者的脑损伤发生在出生前，但也有发生在分娩期间或在出生后的头几个月或几年内。

一些已知的病因包括：妊娠期间感染。孕妇身上发生的某些感染，如风疹（德国麻疹）、巨细胞病毒（一种温和的病毒感染）和弓形虫病（一种程度轻微的寄生虫感染），可造成脑损伤并进而导致脑瘫。

胎儿供氧不足。例如胎盘功能出现异常或胎盘在分娩前从子宫壁上脱落时,胎儿都有可能无法得到充足的氧气。

早产儿。早产婴儿发生脑瘫的几率比足月儿高了多达 30 倍。

分娩并发症。直到最近,医生们还认为难产中的窒息(缺氧)是造成大多数儿童脑瘫的原因。最近的研究则表明,这种原因只占了约 10% 的脑瘫病例。

Rh 溶血病。孕妇和胎儿血型的不匹配会造成脑损伤,进而引起脑瘫。不过幸运的是,在妊娠期第 28 周左右和 Rh 阳性婴儿出生后,给 Rh 阴性孕妇注射 Rh 免疫球蛋白血制品通常可以预防 Rh 溶血病。

其他先天缺陷。患有脑畸形、许多遗传性疾病、染色体异常及其他出生缺陷的婴儿罹患脑瘫的风险增加。

后天脑瘫。大约 10% 的脑瘫患儿在出生后两年内因脑损伤而发生脑瘫。此类损伤最常见的原因是脑部感染(如脑膜炎)及头部损伤。

主要通过评价婴儿或幼儿的动作来诊断脑瘫。有些脑瘫患儿表现出低肌张力,它会使患儿身体显得绵软无力。其他患儿的肌肉张力升高,表现为肌肉僵硬。也有患儿具有可变的肌肉张力(有时增加,有时降低)。

医生可能还会建议进行脑成像检测,例如磁共振成像 (MRI)、计算机断层扫描(CT 扫描)或超声波。这些检测有时能帮助查明脑瘫的病因。

如何治疗脑瘫?医护团队专业人员需要与孩子和家庭一起合

作，以确定孩子的需要。该医护团队应包括小儿科医师、物理医学和康复医师、矫形外科医生、物理及职业治疗师、眼科医生、言语/语言病理学家、社会工作者和心理学家。

孩子通常在确诊后不久即接受物理治疗。这可以增强运动技能（如坐和行走），改善肌肉力量，有助预防挛缩（缩短肌肉以限制关节运动）。有时治疗时还配合使用支具、夹板或模具，以帮助预防挛缩和促进手脚功能。如果挛缩程度很严重，可能需要推荐进行手术以延长受累肌肉。

药物可以用来缓解肌肉痉挛或减少异常运动。但不幸的是，口服药物治疗往往不是特别有效。有时直接将药物注射进痉挛的肌肉更为有效，而且其作用可能会持续数月。目前一种新型的药物在治疗累及四肢的中度到重度脑瘫患儿中表现出良好的前景，还可以通过外科手术将持续输送抗痉挛药物巴氯芬的药泵植入皮肤下。

对于累及双腿的痉挛患儿，选择性脊神经根切断术可永久性地降低痉挛和改善坐、站和行走的能力。在该手术中，医生切断引起痉挛的一部分主要神经纤维。通常在2至6岁患儿身上进行该项手术。

研究表明，脑瘫起因于妊娠早期不正确的细胞发育。例如，一组研究人员近日指出，有三分之一以上的脑瘫患儿的某些牙齿上没有牙釉质。科学家也在研究其他事件——如脑出血、癫痫、呼吸及血液循环问题——这些都威胁到新生婴儿的大脑。一些研究人员正在进行研究，以了解某些药物是否能帮助预防新生儿中风。其他研究人员则正在研究低出生体重的原因。还有一些科学家正在探索脑损伤（例如由缺氧、缺血、脑出血或癫痫引起的脑损伤）如何引起脑部化学物质的异常释放并引发脑疾病。

二、脑瘫粗大功能分类（GMFCS）

脑瘫按照脑部受损部位不同，运动表现特点也不同，大致可以分为以下三大类：

1. 痉挛型，表现为肢体肌张力持续增高，活动困难。
   （1）如果是躯体单侧肌张力增高，就是痉挛性单侧脑瘫。
   （2）如果是躯体双侧肌张力增高，就是痉挛性双侧脑瘫。
2. 运动障碍型，表现为肌张力可变化，姿势不对称。
   （1）如果活动动作减少，肌张力呈现升高倾向，就是肌张力异常型脑瘫。
   （2）如果活动动作增多，肌张力呈现下降倾向，就是手足徐动型脑瘫。
3. 共济失调型，表现为肌张力降低，运动平衡能力低下。

【编者按：不同类型的脑瘫在运动功能的训练重点有些差异；痉挛型多强调伸展，并需要提供较长时间给孩子在放松的状态下完成动作，即活动节奏需要慢。运动障碍型需要学习固定不参与活动的身体部分后开始活动（简单说是一肢固定，另一肢活动），同时，也需要强调保持在中线活动。活动的节奏快，但要求在完成动作后维持姿势。共济失调的儿童需要学习一步一步进行活动，固定至活动，因此习作分析要清楚。这些简略的补充资料，可以让家长进一步认识孩子属于哪类脑瘫。】

浙江康复医疗中心提供

脑瘫儿童由于受损程度不同，粗大运动能力也不同，可以分成五个等级：

（1）2岁生日之前

阶级Ⅰ　幼儿可以转换姿势。

　　　　坐在地上时双手可以自由操作物品。

　　　　用手和膝盖爬行。

　　　　可以攀扶东西而站立，并且扶着家具走几步。

　　　　幼儿在18个月到2岁期间，不需要使用任何辅具，即可步行。

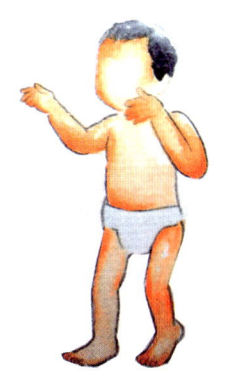

图1.2.1　2岁前GMFCS Ⅰ级

阶级Ⅱ　幼儿可以坐着，但可能需要用双手来保持平衡。

　　　　用腹部爬行。

　　　　可能可以攀扶着东西而站立，并且扶着家具走几步。

图 1.2.2　2 岁前 GMFCS Ⅱ 级

阶级 Ⅲ　当下背部有支撑时，幼儿可以坐着。

可以翻身滚动。

可以用腹部爬行。

图 1.2.3　2 岁前 GMFCS Ⅲ 级

阶段 Ⅳ　幼儿可以控制头。

躯干要有支撑，才可以坐着。

可以翻成仰卧，也可以翻成俯卧。

图 1.2.4　2 岁前 GMFCS Ⅳ 级

阶级 V　幼儿无法控制头部。

无法俯卧。

无法坐着。

需要成人帮助才能翻身。

图 1.2.5　2 岁前 GMFCS V 级

（2）2 岁到 4 岁生日之间

阶级 I　坐在地上时双手可以自由操作物品。

可以转换坐姿和站姿。

不需要使用任何辅具，即可步行。

图 1.2.6　2 岁到 4 岁 GMFCS I 级

阶级 II　幼儿可以坐着，但双手操作物品时，平衡有困难。

可以转换坐姿。

可以用手和膝盖交替式爬行。

在平稳的地面上，可以攀扶着东西而站立，可以扶着家具慢慢走动。

可以使用辅具步行。

图 1.2.7　2 岁到 4 岁 GMFCS Ⅱ 级

阶级 Ⅲ　经常以W坐姿坐在地上，但可能需要成人协助就坐。

用腹部爬行或兔跳式爬。

在平稳的表面上，可能可以扶着东西而站立。

扶着家具作短距离慢步。

在室内，可能可以使用助行器进行短距离步行，在控制方向和转弯时则需要成人的协助。

图 1.2.8　2 岁到 4 岁 GMFCS Ⅲ 级

阶级Ⅳ 被安置时，可以在地上坐着，但需要双手支撑才能保持平衡。

坐着和站立时需要辅助器具的协助。

可以利用翻滚、腹部爬行、兔跳式爬在房间里作短距离移动。

图1.2.9 2岁到4岁GMFCS Ⅳ级

阶级Ⅴ 所有的动作都受到限制，即使使用辅助器具，依然无法完全补足坐和站的局限。

无法独立行动，需要他人协助移动。

有些儿童可以利用高度改良的电动轮椅移动。

图1.2.10 2岁到4岁GMFCS Ⅴ级

（3）4 岁到 6 岁生日之间

阶级 Ⅰ 不需要手的支撑，可以进出和坐在椅子上；不需要任何物品支撑，可以从椅子上由坐而站。

可以在室内和室外步行。

可以爬楼梯。

开始有跑和跳跃的能力。

图 1.2.11　4 岁到 6 岁 GMFCS Ⅰ级

阶级 Ⅱ 可以坐在椅子上，并且用双手自由地操作物品。

可以从地上站起来，以及从椅子上由坐而站，但是大部分时间需要用双臂将自己拉起或撑起。

在室内和室外短距离步行不需要助行器。

可以扶着栏杆爬楼梯。

不能跑和跳。

图 1.2.12　4 岁到 6 岁 GMFCS Ⅱ级

阶级Ⅲ 可以坐在一般的椅子上，但手操作物品时需要支撑骨盆或躯干。

从椅子上站起或坐下，需要双臂在平稳的表面上拉起或撑起。

使用助行器可以在平地上步行。

爬楼梯时，需要成人协助。

远距离移动或不平的地面上移动需要他人协助。

图 1.2.13 4 岁到 6 岁 GMFCS Ⅲ 级

阶级Ⅳ 坐在椅子上，需要坐姿辅具来支撑，才能发挥收手功能；从椅子上站起或坐下，需要成人协助或双臂协助。

最多可能在成人的监督下，利用助行器作短距离步行，但转换方向和在不平的地面上维持平衡相当困难。

在室外只能由他人协助转移。

可能利用电动轮椅自我转移。

图 1.2.14 4 岁到 6 岁 GMFCS Ⅳ 级

阶级 V　不能控制头部和躯干。
　　　　即使使用辅助器具也无法很好地坐和站。
　　　　需要他人协助移动。
　　　　有些儿童可以利用高度改良的电动轮椅自我移动。

图 1.2.15　4 岁到 6 岁 GMFCS V 级

【编者按：GMFCS 强调的是儿童和青少年在家里、学校或是小区环境中的日常表现（意即：他们做了什么），而非他们在最佳状态下可以达到的成果（能力）。因此，利用当前的粗大运动表现来进行分类，并且避免加入对动作质量的评断或是对进步空间的预测，是相当重要的。不同粗大运动阶段的脑瘫儿童体能的发展总则不一样，下图是加拿大的研究人员总结了按年龄的变化五个阶级的脑瘫儿童粗大运动功能；五个阶级的脑瘫儿童在 6 岁以前，粗大运动功能都有进步，但第三级至第五级的儿童，7、8 岁以后粗大运动功能开始后退。因此，不同阶级的儿童训练目标和策略在不同的年龄段需要调整。这些讯息帮助家长接受孩子的发展与其他脑瘫儿童不尽相同，而不会盲目跟随。】

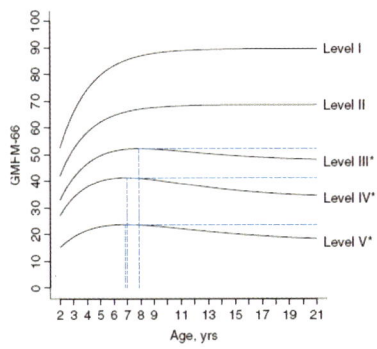

图 1.2.16 脑瘫儿童粗大运动功能变化
(摘自 Hanna, S.E., Rosenbaum, P., et al., 2009, Dev Med & Child Neurol., p.299)

三、儿童发展与脑瘫发展的特质

浙江康复医疗中心提供

1.儿童的成长需要包括六大方面

（1）移动能力。

（2）认识理解事物能力。

（3）语言交流能力。

（4）手对工具的操作能力。

（5）生活自理能力。

（6）社会交往能力。

这些能力是在与人和周围环境的互动中，按一定时间规律发展起来的,并且互相促进,任何一方面的落后都影响其他领域的发展。

下表是正常0~6岁儿童能力发展情况

儿童能力发展规律	体能	手部	认知	语言交流	社会交往	生活自理
3个月	抬头。	随意抓握。	认识母亲。	发出咿咿呀呀的声音。	笑、发脾气。	吃奶时会摸着瓶或乳房。
6个月	独坐。	东西从一只手换到另一手。	知道自己的名字,听叫自己名字会转过头,知道怕羞。	会哈哈大笑、高兴时会尖叫。	要妈妈抱,把饼干送到妈妈嘴里。	自己拿饼干吃。
12个月	独走。	用铅笔乱画。	能听懂简单的指令,会模仿大人的动作,能玩简单的想象游戏。	能说一两个有意义的词如爸爸、妈妈,用手势表示简单的需要。	爸爸出去要追出去。	自己拿勺吃饭。
2岁	两脚跳,独立上下楼。	会搭积木。	知道自己的性别、看图识画。	能说简单的句子。	会叫同伴的名字。	能穿鞋
3岁	能独脚站立,会骑小三轮车,两脚交替上下楼。	会画圆,用胶水,能穿小木珠。	开始认识颜色,有数和时间概念,可以计数到3,知道今天。	900左右词汇量,说成句的话,开始问为什么,能说我。	会玩打电话游戏,能两人对话。	能自己吃饭,自己脱裤子解便。

续表

4岁	能单脚跳。	会模仿画正方形,画人5个部位,会用剪刀。	会玩有想象力的游戏。	经历的事会说出来。	轮着玩玩具、想买的东西可以说服不买。	自己刷牙、漱口、洗脸,扣前面的纽扣。
5岁	爬攀岩架。	把想出来的东西画下来。	经历的事用画来表示。	不认识的字会问。	会玩石头剪刀布,会合作做游戏。	自始至终能自己大小便。
6岁	跳绳。	会折纸,用积木搭建筑。	能数数;知道星期几,知道自己的生日。	会读拼音,读图画书。	能看信号,正确过马路。	自己穿衣服,不用人帮忙。

图 1.2.17 刚出生两天的新生儿就能很专注地看妈妈的脸

图 1.2.18 12个月的孩子能拿勺吃饭

图 1.2.19 2 岁能跑得很稳

图 1.2.20 3 岁会骑小三轮车

图 1.2.21 4 岁会扣纽扣

图 1.2.22 6 岁会与小伙伴合作玩

2. 脑瘫儿童发展的特质

（1）脑瘫儿童由于脑部受损影响各个方面的发展，其中100%的体能障碍、40%～60%智力障碍、23%～38%语言障碍、25%读写障碍、20%专注力失调、40%～75%视力障碍、20%听力障碍。以上障碍互相影响，导致六大领域全面落后，但脑瘫儿童和普通儿童一样也会发育成长，只是速度和水平有差异。

（2）大量统计表明，脑瘫儿童的体能3岁前发展较快，4～6岁发展缓慢，6岁以后基本停滞，15岁以后退步。

（3）虽然体能落后，看起来是大多数脑瘫患儿的主要问题，但如仅重视体能训练，就会失去了其他领域发展的时机，反过来也影响体能的发展。

（4）再严重的孩子都有学习的能力，脑瘫儿童与正常儿童一样，需要在与人和环境接触中学习和成长，如果长期脱离正常的生活内容，其能力无从发展。

（5）游戏是儿童全面发展的重要方式。

（6）为孩子创造学习的环境，鼓励生活自理，能发展出积极性格，更有利于克服自身障碍，获得最大程度的独立。

第三节　脑瘫儿童行为问题的处理

【编者按：特殊儿童行为问题通常源于家长未能了解儿童当时的情绪反应背后的原因，或是家长对孩子的期望过高所致。要有效处理儿童的问题，必须要先从提高家长教养孩子的意识与方法着手。以下几篇文章由浙江康复医疗中心心理咨询师赵秋华提供，理论与实例兼备，可以用于家长培训，也可以作为工作人员策划促进亲子关系的课堂活动的参考。本节中"脑瘫儿童的心理特质与行为问题处理"由该中心脑瘫部主任医生莫文总结重点作为家长培训的范本。】

浙江康复医疗中心提供

一、从心理学的角度谈谈如何做好脑瘫儿童家长

1. 做一个接纳孩子的家长

家长的心理调适水平是影响脑瘫儿童的一个重要因素。家中有一个脑瘫孩子，当然各个孩子的情况是不一样的，有的孩子仅仅有运动功能方面的一些问题，而另一些孩子还可能在言语的理解或表达方面也存在一定困难。无论是什么原因造成的，都会给家长带来巨大的心理压力，父母不免会感到震惊、失望、忧虑、恐惧，甚至很多家长内疚和羞愧。有关特殊儿童家长心理发展的研究指出，家长往往会经过以下几个阶段：否认—内疚—困惑—恼怒—盲目求助—沮丧—接受（当然不是每个家长都会按此顺序发展）。

家长最佳的适应状态是理性地接纳孩子的一切,包括接纳孩子的缺陷和负面情绪。接纳孩子的个性、学习方式或其他特质是一件非常重要的事情,因为这是无条件爱的一部分,而且会使孩子知道即使他(或她)是与众不同的,即使他(或她)不是家长所期望的那样,家长也会把全部的爱给他(或她),接纳他(或她)。

要协助孩子接纳自己,最重要的是父母与家人必须能先接纳孩子,父母要了解孩子的生理、心理等特点,让孩子感到被爱、被接纳、被尊重,然后孩子才能肯定自己的价值和尊严,进而接纳自己。如果连亲生的父母都不能接纳孩子,那么孩子在适应与人际关系的发展会有很大的负面影响。

2. 家长要运用正确的态度和教养方式

家长心理调适水平将直接影响到家庭对脑瘫儿童的态度和教养方式。处在内疚状态的父母也许用过分保护甚至溺爱的方式来照顾孩子,以至于孩子养成依赖、以自我为中心的个性,而一对恼怒或沮丧的父母则有可能采取权威的态度,对儿童吹毛求疵,控制感强,要求儿童的一言一行都要按照家长的意思去做。这样会使儿童产生无力感,或富有攻击性,经常要动动别人,打打别人。如果家长不能很好地接纳孩子的残疾,还可能产生忽视甚至折磨、虐待儿童的情况。因此家长心理调适的水平对脑瘫儿童的心理健康有重要的影响。

正确的教养态度最重要的原则是:"以教养普通孩子的态度,来教养儿童。"千万不要太强调孩子的生理方面存在的问题,而影响其自我概念的发展。

3. 要做一个善于倾听孩子的家长

常年致力于家庭教育心理咨询的一位专家帕蒂·惠芙乐认为,

孩子的"不正常"的表现在孩子成长过程中起着特殊的作用，如果处理得好，会有利于孩子形成健全的人格和健康的心理。专家认为，孩子的每一个"非正常"表现的背后都有一个正当的理由，他们是在宣泄精神或身体上的创伤所引起的负面情绪，是在呼唤成人的关注以帮助他们更好地宣泄，从而获得最终的康复。

在什么时候倾听效果最好？当孩子有"不正常"表现时，如哭泣、恐惧、发脾气、愤怒等，家长应当通过倾听给孩子以最好的关注。

倾听到底有什么作用呢？可以帮助孩子摆脱负面情绪，使他们恢复正常的思维能力，从而有足够的注意力来理解和接受成人的正确意见和建议。同时倾听也是从精神上和感情上关怀孩子的一种重要方式。

怎样倾听孩子呢？想做到倾听也不是一件很容易的事，下面介绍一种游戏中倾听的方法。参加游戏的只有两个人，一个是家长，另一个是孩子。此时家长为了避免干扰就关掉手机，做好准备，一心一意地和孩子在一起，一起玩一起交谈。在游戏中家长或老师、治疗师（成人）扮演一个弱小无能的弱者，让孩子扮演强者。这样游戏中的倾听就开始了。孩子就会显得强壮有力，而家长自己则软弱无力。孩子勇敢，家长则害羞。父母这样做，也就是做这种游戏的目的只是试图减轻孩子所曾经遇到的苦恼，诸如人小力薄、不受尊重等等。当孩子在游戏中看到他比家长更强壮有力时，他就会感到愉快，有的孩子在游戏过程中还会控制不住地大笑，这样快活的笑声会使孩子散发掉大量的紧张压抑情绪。做了游戏之后，孩子就会变得更加轻松、更加合作，和家长的关系也会更加地亲近。孩子不知不觉地变了，变得主动和积极了。

4. 要做一个敏感的家长，善于发现孩子的优点

每个孩子都有自己的特点。要仔细观察、研究自己的孩子，观察他什么时候对什么感兴趣，就抓住机会，适时地教他什么！发现孩子作出了一个好的行为，家长要及时地作出反应，给予肯定和鼓励。如孩子拿一个苹果递给家长吃，家长就要及时地作出反应，马上伸手去接，并说："谢谢！""你真棒！"等等，对这个行为给予强化。以后，孩子会继续做这样的行为。但当孩子有时做了令家长不满意的事情的时候，可以忽视它，不表扬也不惩罚，慢慢地，孩子就会发展出好的适应性的行为，而令家长不满意的不适应性的行为就会渐渐地减少，以致消失。

5. 要做一个理解孩子的家长

在孩子的吃、穿、住、行等物质方面，家长一般都能安排好，但除了这些需要外，孩子还有许多心理需要。

（1）被关注是孩子最基本的需要。有的孩子发现自己哭了父母就去关心他；有的孩子为了得到别人的关注咬人、打人，还会说谎，如实际上没有小便，说自己要上厕所等等。

（2）安全的需要。安全感缺乏的儿童有以下表现：①要么过度怯懦，要么胆大妄为，不顾自身安全；②要么过度黏人，要么过度独立；③不愿意解决问题，而是依赖别人的帮助；④迷恋物品，苛求物质满足，离开慰藉物就六神无主、寝食不安；⑤不敢参与竞争，或者不能接受失败；⑥不愿意接受不同意见，而是要求大家必须跟他意见统一。安全感是人类身体、情绪认知发展的基础，没有安全感，其他的一切都好比空中楼阁，也许看上去很不错，但缺乏根基，不堪一击。成人也一样，如果没有安全感，就会感到紧张、焦虑、恐惧等情绪。

（3）交往的需要。包括和正常儿童的交往和大人的交往等。伙伴是儿童获得自我形象反馈的最佳来源。

（4）受尊重的需要。有的家长在小伙伴在场时批评了孩子，孩子想：妈妈当着那么多人的面说我、批评我，多丢面子呀。孩子会容易产生自卑感。

（5）成功的需要。康复训练是个漫长的过程，很枯燥，如果只有挫折没有成功的经验，那就没有成功的体验。

6. 家长对孩子的期待要恰当

家长要通过各种途径了解有关脑瘫儿童康复相关的知识，在此基础之上和康复治疗师等专业人员共同讨论决定孩子的康复目标，对孩子要有一个切实的期待，目标不要过高也不要过低，要适当，就是通过努力可以实现的。如果孩子达不到家长的要求，可以找了解孩子的人——老师、治疗师或受孩子喜欢的成人求助。这样，家长可能会得到有用的信息和看问题的新视角。

7. 做一个善于表达爱的家长

一个孩子说没有感受到妈妈的爱。妈妈说：孩子怎么觉得这样？家庭是一个温馨的港湾。家长可使用以下方法，让孩子体验到爱：

（1）身体接触，如拍拍肩膀、抱住。

（2）肯定性语言，如"对了""很好""你真棒""妈妈喜欢你""我相信你可以做好"等等。用语言来肯定孩子好的方面，引导他向好的方向发展，而不去强化他的缺点和弱点。

（3）看看一些我们并不陌生地从父母口中说出的话："你怎么这么慢！""笨死你！这么点儿事都做不好。""哎，你怎么这么懒呀！""你跟你爸一个德性！"……这些话不仅在当时令孩子不快，而且在他们潜意识里留下很深的痕迹。显然此时家长在选择沟通语言上出了问题。孩子听了有何感受呢？这会影响孩子自我概念的形成。还有，孩子在无意间听到父母在与他人交谈时对自己的评价一样会影响他自我概念的形成。所以，当家长和别人谈论自己的孩子时，一定要多提提孩子好的表现和对孩子的赞美。即使提到孩子的缺点也一定要用不带评价态度的中性语言，顺便表达自己对孩子克服缺点的信心和期望。

（4）有个时间段，如几十分钟陪孩子一起做游戏，大一点的一起活动。

8. 家长要管理好自己的情绪

有的家长说自己不开心不要紧，只要孩子好。但有时却很难控制住自己。家长的情绪会不知不觉影响着孩子。所以说家长管好自己的情绪也很重要。家长如果感觉控制不住自己的情绪，认为因为自己的情绪影响了孩子、影响了工作和生活，那就要寻求帮助，如寻求专业心理咨询师、心理治疗师等的帮助。家长也可以采取一些自我调节的方法：

（1）找到能倾听的人将自己的感受、想法等说出来。

（2）经常与家人联系、沟通，将孩子的变化、自己的想法用恰当的方式传递给家人。

（3）保持和朋友之间的关系，要互通信息。

（4）想办法在陪伴孩子康复的过程中得到乐趣。

（5）正确看待自己的情绪，接纳自己的情绪。在陪伴孩子的训练过程中，家长有适当的焦虑是正常的，这有利于孩子的康复。

9. 思考

如何在这个理念与原则下进行家长的心理疏导，并应用在引导式教育系统中？例如，家长与儿童角色互动的游戏在课堂进行，如何设计？需要注意什么？

二、在游戏中倾听

倾听是心理治疗的第一步，是建立良好治疗关系的基本要求。在心理治疗中，"听"比"说"更重要。倾听既可以表达对求助者的尊重，同时也能使对方在比较宽松和信任的氛围下诉说自己的烦恼。常年致力于家庭教育心理咨询的帕帝·惠芙乐认为，孩子的"不正常"的表现在孩子成长过程中起着特殊的作用，如果处理得好，会有利于孩子形成健全的人格和健康的心理。她认为，孩子的每一个"非正常"表现的背后都有一个正当的理由，他们是在宣泄精神或身体上的创伤所引起的负面情绪，是在呼唤成人的关注以帮助他们更好地宣泄，从而获得最终的康复。当孩子有"不正常"表现时，如哭泣、恐惧、发脾气、愤怒等，治疗师应当通过倾听给孩子以最好的关注。倾听是为了帮助孩子摆脱负面情绪，使他们恢复正常的思维能力，从而有足够的注意力来理解和接受成人的正确意见和建议。

在游戏中倾听，治疗师在游戏中扮演一个有趣的弱者，让孩子扮演强者。随着倾听的持续，孩子某个特定的问题会展露出来。譬如"警察抓小偷"的游戏。让孩子扮演警察（强者），治疗师扮演小偷（弱者）。孩子显得强壮有力，而治疗师软弱无力。孩子勇敢，治疗师则害羞。做这种游戏的目的只是试图减轻孩子所曾经遇到的苦恼，诸如人小力薄、不受尊重等。当孩子在游戏中看到他比我们更强壮有力时，可以使孩子宣泄紧张压抑的情绪。

1.案例

唐某某，女，6岁，诊断为"脑瘫"，住院做引导式教育。由经管医生介绍到心理科做心理治疗。每周两次，共做了4次。

（1）第一次心理治疗

妈妈和孩子一起来，妈妈诉：

①孩子搞破坏，如撕纸等。

②孩子懒，每次到了下课要站起来时，她总是要在我骂她打她时才很不愿意地慢慢地起来，显得很不高兴、不服气的样子。

③逆反心理，你叫她这样做，她很不愿意做。

治疗师和家长谈话后就对孩子说："现在妈妈说好了，轮到你说了，是让妈妈陪在这里还是先出去？"孩子说先让妈妈出去，喜欢和治疗师说话。

治疗师和孩子谈话的部分内容（"A"为治疗师，"B"为孩子）。

A：妈妈刚才说的话对不对？

B：不对。

A：哪里不对？

B：我说不出来。

A：你有时会把纸撕掉，是吗？

B：因为我不听话，妈妈才骂我的。昨天林林的妈妈给我一个香蕉，我把它掉到地上了，妈妈就说我了。

A：你怕妈妈吗？

B：怕的，爸爸妈妈我都怕。

A：那你喜欢谁呢？

B：林阿姨、小朋友。

A：你喜欢几个小朋友？

B：6个小朋友。

A：别的孩子的妈妈有你喜欢的吗？

B：有的。

A：谁啊？

B：张某某的妈妈，方某某的妈妈。

A：你觉得是你的妈妈好，还是别人的妈妈好？

B：当然是别人的妈妈好。

A：妈妈哪里不好？

B：隔壁陈某某的妈妈有时也打孩子。

A：你觉得这样合适吗？

B：不合适。

A：那怎样做才合适呢？

此时孩子没有具体回答。当治疗师问她还有什么话要说时，她说有的。于是治疗师继续倾听。

B：爸爸妈妈两人打架。

A：什么时候？

B：去年。

A：在哪里打架？

B：在某某医院打架。

A：你知道他们为什么要打架吗？

B：为孩子。我还说别打了别打了。电视上放的有个孩子被后妈打了送医院了（用手指着自己的右脸）。

A：你妈妈有没有打你脸？

B：没有。

A：那你妈妈打你比那个后妈要轻一些，是吗？

B：沉默。

此时，先让其妈妈送孩子上音乐课，然后再来继续会谈。首先将和孩子谈话的一些情况告诉其妈妈。其妈妈听着听着，眼睛红了，湿润了。治疗师和其妈妈分析了孩子的一些行为的原因，孩子是否从妈妈这里感受到爱，是否有安全感。她说孩子现在更加要亲近她了，睡觉之前要抱抱等等。

2.分析

（1）孩子有害怕的心理，担心妈妈走掉。在看后妈打孩子的电视时，妈妈对孩子说，你如果不听话，不好好训练，也会跟电视里一样。这也可以解释，孩子为什么近段时间更加要亲近妈妈。晚上在睡觉之前喜欢亲妈妈，渴望肌肤上的接触。

（2）把东西搞乱，撕纸。当治疗师问及其妈妈怎样看待这个问题时，她认为这是不大好的。妈妈打了孩子，那孩子打谁呢？孩子把东西搞乱、撕纸也是宣泄情绪的一种方式，当然孩子也可能是在探索。

（3）关于打骂孩子。实际上家长有时自己也知道那样对待孩子是不对的，但总难以控制。想改变别人是一件较难的事，但可以试着改变自己，哪怕从一点点事情开始，如打孩子，想控制自己的情绪，可能不那么容易，但可以控制自己的行为，想伸手去打时，能控制自己不去打。

3.建议家长

（1）慢慢地不打孩子。

（2）不在孩子面前说孩子"懒"。

（3）观察孩子细微的变化。

4.第二次心理治疗

部分谈话内容：

A：妈妈这几天打你吗？

B：没有，很少。我要喝水，妈妈就给我。

A：以前呢？妈妈给你喝水吗？

B：以前喝得太少了，就感冒了。

A：妈妈这几天对你好不好？

B：好。

A：以前呢？

B：以前老是打我。

A：你觉得妈妈这几天好还是以前好？

B：当然是这几天好。

还做了警察抓小偷的游戏，她主动选择要扮演警察，由治疗师扮演小偷，目的是以此来宣泄孩子紧张、害怕、压抑的情绪，使孩子有成就感。她还扮演了护士，拿了一根小棒棒，夹在治疗师的腋下量体温。扮演了医生，拿了一根小棒棒，给治疗师检查喉咙。当治疗师提到上次她在电视里看到的那位后妈打孩子的事时,她就低下了头,并说"我们不说这个,做医生护士的游戏",显得有些害怕。当治疗师直接问她是不是害怕时,她回答说"害怕"。这次治疗时几乎没有从其妈妈那里了解什么,只是从孩子这里了解到一些情况:母女之间的关系正在开始改变,妈妈渐渐地不打孩子了,孩子说这几天的妈妈比以前的妈妈要好,因为以前妈妈老是打我的。不难看出,孩子的行为变得更加适应了,焦虑减轻了。

三、家长打骂孩子

1. 家长打骂孩子的原因

(1)与家长的情绪管理不佳有关。有的家长觉得孩子患脑瘫是自己的原因,经常责怪自己。有的家长没有接纳孩子的缺陷,将自己的愤怒发泄在孩子的身上。

(2)与家长小时候的经历有关。如有一位家长在陪伴孩子康复训练的过程中,经常发脾气、打骂孩子。心理治疗师与其约谈后得知,家长小时候经常受到父母的打骂。

(3)与家长对孩子的期待不恰当有关。有的家长对孩子的要求过高,当孩子行为不能达到其要求时,就打骂孩子。

2. 打骂孩子对孩子造成的危害

(1)生理上的危害。有的家长认为,不要打孩子的头,打孩子的屁股没事,认为小屁股肉厚打不坏。而实际上,打屁股,轻者造成皮下血肿,神经受损,严重的使肾脏受损伤或因为广泛性出血而引起休克。

（2）心理上的创伤。打骂孩子会使孩子的精神高度紧张、恐惧，产生被遗弃感，自暴自弃，逆反心理强。孩子还会模仿家长打他那样打别人。有的孩子还会说谎，恨父母，有仇恨的心理。

3. 打骂孩子对教育孩子有用吗？

打骂孩子对教育孩子没有任何积极作用，不管是什么程度的打和骂（轻微、偶尔、经常的）都会使孩子产生误解。如果这就是家长对待他的方式，他将会用不恰当的行为引起家长的注意。

4. 父母有权打骂孩子吗？

《中华人民共和国未成年人保护法》明确规定，父母和监护人不得虐待和遗弃未成年人。根据《中华人民共和国未成年人保护法》第10条规定："父母或者其他监护人应当创造良好、和睦的家庭环境，依法履行对未成年人的监护职责和抚养义务。禁止对未成年人实施家庭暴力，禁止虐待、遗弃未成年人，禁止溺婴和其他残害婴儿的行为，不得歧视女性未成年人或有残疾的未成年人。"

既然法律都倡导家长要循循善诱、耐心教导，那打骂教育是不可取的。

5. 家长如何控制自己不打骂孩子

（1）家长要接纳孩子。孩子脑瘫无论是什么原因造成的，都会给家长带来巨大的心理压力，父母不免会感到震惊、失望、忧虑、恐惧，甚至很多家长感到内疚和羞愧。家长最佳的适应状态是理性地接纳孩子的一切，包括孩子的缺陷和负面情绪。

（2）家长管理好自己的情绪。家长如果感觉控制不住自己的情绪而打骂孩子，就需要寻求专业的心理医生、心理治疗师等帮助。家长也可以采取一些自我调节的方法：如找到能倾听的人将自己的感受、想法说出来；经常与家人联系沟通，将孩子的变化、自己的想法用恰当的方式传达给家人；想办法在陪伴孩子康复的过程中得到乐趣；正确地识别并接纳自己的情绪。

6. 当发现家长打骂孩子时的处理方式

（1）引导式教育老师和家长进行一对一沟通，以倾听为主，可以更好地理解家长打骂孩子的原因。

（2）如果孩子具有理解和口头表达言语的能力，就和孩子进行沟通。在游戏中倾听。

7. 家长打骂孩子，建议一些处理方法

（1）在每次刚刚上课的时候，引导家长做约3分钟的静心放松，如观察呼吸法、深呼吸等。

（2）家长做心理评估，如焦虑自评量表（SAS）、抑郁自评量表（SDS）、症状自评量表（SCL-90）等。对筛查阳性的家长进行团体心理辅导和个别心理干预。

（3）家长团体心理辅导。在引导式教育的课堂中开展家长团体心理辅导，做静心放松练习，介绍有关打骂孩子对孩子的身心、康复效果的影响，对孩子的期待要恰当。如在我院有一个引导式教育的班级，共有8个脑瘫孩子，这个班在上课时，有好几位家长都会打骂孩子，严重地影响了上课进程，于是就开展脑瘫孩子家长团体心理辅导课3次，每次1小时，主要引导家长做静心放松，介绍有关家长对孩子的态度、言行对孩子的身心、康复效果的影响等。

结果引导式教育老师和家长反映家长打骂孩子的情况显著减少，提高了孩子康复的效果。

（4）家长个别心理干预。对于有一定心理问题的家长，进行一对一的心理干预。如果发现明显情绪和行为问题的则转介到心理科进行诊治。

（5）同孩子进行一对一的游戏倾听法。如警察抓小偷的游戏。

四、脑瘫儿童的心理特质与行为问题处理

1. 脑瘫儿童的心理特质

（1）一个孩子的心理特质的形成往往受生理、家庭和周围环境的影响，特别是与早期父母的养育态度和方式相关。

（2）当一个婴儿出生后能得到父母细心的呵护、适时的鼓励、正确的引导，这个孩子常常能够形成快乐、友善、积极、独立的性格；但当一个孩子遇到的是失望、拒绝、过度呵护，往往就形成了胆小、淡漠、脆弱、敌对等人格特征。

（3）由于脑瘫孩子发育落后、行动困难，与人交往机会少，常不能与同龄儿童玩耍，久而久之变得胆小、淡漠，遇到问题容易退缩。

图 1.3.1 脑瘫儿童遇到问题容易退缩

由于身体缺陷、姿势异常、学习困难等问题会变得异常敏感、自尊心强又自卑、情绪不稳定。就会常常出现生气、哭闹、发脾气的现象。

图 1.3.2 脑瘫儿童容易发脾气

（4）如果父母失望、不接纳或强迫训练、训斥等就会产生焦虑、敌对等情绪，久之产生固执行为、自伤行为、叛逆行为、攻击行为等。

图 1.3.3 脑瘫儿童产生固执行为

（5）如果父母过分地呵护、包办替代，使儿童在早期对独立的渴望不能满足，孩子便变得过分依赖，缺乏主动性和独立性。

2. 应该做一个怎样的家长呢？

（1）接纳孩子，注重了解孩子现有的能力。
（2）会观察孩子，给予适时的反应和鼓励。
（3）有合理的期望，能给予正确的引导。
（4）当孩子有困难时，可给予恰当的帮助。
（5）会创造条件，帮助孩子获得成功的体验。
（6）有耐性。
（7）有幽默感。
（8）尊重孩子。
（9）能坚持、不轻言放弃。

3. 当孩子的不良行为发生时，家长应该怎么做呢？

（1）要仔细观察，分析原因，预防、避免产生不良行为的原因出现。
（2）不简单惩罚孩子，不过分地批评、说教，避免强化这类行为。
（3）可采取对不良行为漠视的方法。
（4）对激烈的不良行为如攻击、自伤发生时，可采取带离危险现场、短时间控制上肢等手段。
（5）当发现孩子的坏毛病时，第一次纠正要坚决、不让步，树立权威性。

（6）以鼓励表扬正面行为为主。

图1.3.4 忽视不良行为

图1.3.5 鼓励良好行为

（7）随着时间的推移和适宜的教育，孩子的不良行为会逐渐减少或消除。

（8）孩子的心智和性格发展会帮助其战胜自己的行动障碍。人际关系、情绪、动机、决心、意欲、意识、思考过程、经验、期望等都会影响孩子的全部行为。

第四节 脑瘫儿童的营养

【编者按：家长注重脑瘫儿童的训练，对于孩子的喂养问题，多数只注意喂饱孩子，而忽略脑瘫儿童仍与普通儿童一样，需要充足的营养来提供身体发育所需要的养分。其实，从另一个角度看，按脑瘫儿童体质的特点及每天的运动量，科学的喂养更重要。此篇文章是济南市按摩医院提供的参考资料，值得抽取适合的内容作家长培训，提高家长对孩子正确照顾的意识。】

脑瘫儿童主要因为身体缺陷，体质较弱，容易感染疾病而影响功能的康复，因此合理的饮食，注意营养十分重要。脑瘫儿童的饮食对于儿童有着辅助治疗的效果，对康复有着积极的促进作用。脑瘫儿童的饮食营养需求与普通儿童不同，父母要根据脑瘫儿童的身体需要制订健康合理的营养饮食计划，改善脑瘫儿童的体质，才能更好地进行康复治疗。

一、介绍脑瘫儿童体质的特点

1. 脑瘫儿童的消化、吸收特点

脑瘫儿童大部分伴随咀嚼障碍或吞咽障碍，由于口腔闭合能力差，经常流口水，使食物消化的第一步受到严重影响。只能吃流质、半流质食物，影响一些营养物质的摄入。由于儿童多伴有植物神经功能失调，每天运动量少，胃肠蠕动少，胃液分泌少，常便秘，食物的营养吸收受到较大影响。

2. 脑瘫儿童营养需求特点

大部分脑瘫儿童由于肌张力增高，异常姿势的持续存在，不随意运动等，致使能量消耗多，所需热量高。大多数脑瘫儿童易出汗，每日丢失钠、钾、钙、氯较多。活动少，日光浴时间不足，易缺乏维生素 D，易患佝偻病。经常上呼吸道感染，维生素 A 缺乏者也较多。

3. 脑瘫儿童饮食营养补充

在脑瘫儿童的饮食方面要注意少量多餐，每天饮 1～2 次淡盐水，以补充水及电解质。饮食要高热量、高蛋白、高脂肪、高纤维素，含多种维生素、多种微量元素的平衡膳食。还应补充钙、维生素 A 和维生素 D，以防骨质疏松。饮食的特点应该具备四大特点，"烂""细""鲜""软"。食物(肉、米、菜)在烹调时必须"烂"，不能太大、太粗、太硬。在摄入某些食物(水果、豆制品等)时要注意"细"，可将多种(三种以上)水果一起榨汁饮用，以使水果颗粒细小，易吸收，易消化。由于小儿咀嚼障碍，吞咽困难，食物还要"软"。如吃鸡蛋，最好蒸蛋羹。蔬菜最好切成菜末放入粥中一起煮。小儿每天进食食物还要必须保持"鲜"，以保证营养要素的充足，随着儿童的成长逐渐增加食物的硬度，有利于儿童慢慢学习咀嚼食物，同时促进儿童的语言发育。

脑瘫儿童脑细胞的发育、修复，离不开蛋白质、脂肪、碳水化合物、维生素、矿物质，蛋白质是脑细胞的主要成分。牛磺酸来自蛋白质中的氨基酸，有利于促进胎儿和婴幼儿的脑发育，使神经网络变得发达，功能健全。磷脂、胆固醇、糖脂等是脑细胞的构成成分，参与大脑思维与记忆等智力活动。脂肪中的亚油酸、亚麻酸、花生四烯酸、DHA、EPA 等不饱和脂肪酸，对脑细胞的发育和神经发育起着极为重要的作用。还有两种氨基酸（色氨酸、谷氨酸）、微量元素铁和维生素 C，对大脑和智力发育有极为重要的影响，它们有明显的促进幼儿大脑发育、提高儿童智力和记忆力的作用。

二、给家长的饮食营养建议

日常进食做到五要与五不要。

1. 脑瘫儿的饮食五要

（1）食物要容易消化吸收，营养丰富，要选含高蛋白质的食物，蛋白质是智力活动的基础，与脑的记忆、思维有密切的关系，牛奶、豆浆、鸡蛋、酸奶、肉类等都是富含蛋白质的食物，还要多选含维生素高的食物，因维生素 A 能增强身体的抵抗力，促进大脑的发育。维生素 B 族能提高机体各种代谢功能，增强食欲，维生素 D 能帮助钙的吸收。

（2）要以含有碳水化合物的食物如米饭、馒头、粥、米粉为主食，过多杂粮会影响食欲，造成营养障碍。

（3）要多吃蔬菜和水果，少吃肥肉，蔬菜和水果能保持大便通畅，如小孩不吃蔬菜，可以把菜剁烂，做成菜肉包子、菜肉饺子、菜泥、菜汤，培养孩子养成吃蔬菜的习惯。

（4）饮食要定时，一般早、午、晚各进食一次，有条件者可以在上午、下午各增加一次点心，按时进食，可以增加食欲，提倡三餐两点的进餐模式。

（5）每日要进行适当户外活动，让阳光照射皮肤，可增进食欲，帮助吸收营养物质，注意不可在室内隔窗玻璃照射。

2.脑瘫儿的饮食五不要

（1）不要吃油炸、辛辣、油腻等有刺激性食物和难消化的食物，因小儿体质多热，再吃油炸等辛热食品易引起热病。

（2）不宜滥吃温补食物，因小儿为纯阳体质，只宜滋养、清润的食物。

（3）不要过多吃糖，因口腔内的细菌会使糖发酵，易患龋齿而影响食欲，如有龋齿应该尽快去口腔科就医，不要拖延。

（4）不要偏食，因偏食会造成营养不良。

（5）不要过多地食用姜、葱、味精、胡椒、酒等调味品。

第五节 儿童常见疾病的预防及治疗

【编者按：引导式教育以小组形式进行，儿童之间的接触增加，对他们的学习有正面的帮助，但是若其中一些儿童生病或在传染病流行时期，小组的学习形式会增加交叉感染的机会。因此，除了通过科学喂养增强脑瘫儿童的抵抗力，也需要做防御交叉感染措施。以下提供两种在幼儿康复中心容易传染的病症及有关发烧处理的参考资料，作为家长与工作人员培训之用，也可作为康复中心环镜卫生的指引。】

一、手足口病

1. 病原体

手足口病是一种常见于儿童的疾病，通常由肠病毒如柯萨奇病毒和肠病毒71型引起。肠病毒71型引致的手足口病备受关注，是因为它较有可能引致严重并发症（如病毒性脑膜炎、脑炎、类小儿麻痹瘫痪等），甚至死亡。在香港，手足口病的高峰期一般由初夏至秋季，亦有机会于冬季出现小高峰。

2. 病征

大部分患者病征轻微并在7～10天内自行痊愈。病发初期通常会出现发烧、食欲不振、疲倦和喉咙痛。发烧后1～2天，口腔会出现疼痛的水疱，这些水疱初起时呈细小的红点，然后会形成溃疡。溃疡通常位于舌头、牙肉以及口腔的两腮内侧。另外，手掌及脚掌，甚至臀部或生殖器亦会出现不很痒但有时会带有小水疱的红疹。手足口病患者亦可能没有病征，或者只出现皮疹或口腔溃疡等病征。患者痊愈后，会对相应的肠病毒产生抗体，但日后仍可感染由其他肠病毒引致的手足口病。

3. 传播途径

手足口病主要透过接触患者的鼻或喉咙分泌物、唾液、穿破的水疱或粪便，或触摸受污染的物件而传播。患者在病发一周最具传染性，而病毒可在其粪便中存活数星期。

4. 潜伏期

约3～7天。

5. 治疗方法

（1）现时并没有药物治疗手足口病。患者应多喝水并保证有充足的休息，同时亦可用药物治疗症状，以舒缓发烧和口腔溃疡引致的痛楚。

（2）为免把病毒传染给别人，患病的儿童应该避免上学或参加集体活动，直至所有水疱结痂。如感染是由肠病毒71型引致，患者完全康复（即发烧及红疹消退，以及所有水疱结痂）后应留家休息两周多再回校上课。

（3）父母要细心观察儿童的病情。如出现持续高烧、神情呆滞或病情恶化等情况，应立即就医。

6. 预防方法

现时仍未有疫苗可有效预防手足口病。因此，保持良好的个人及环境卫生最为重要。无论在本地或外地，市民均应采取以下措施：

（1）保持良好的个人卫生。

（2）用清水及洗手液洗手，尤其是：

①在接触鼻和口前；

②进食及处理食物前；

③接触水疱后；

④如厕后；

⑤当手被呼吸道分泌物污染时，如咳嗽或打喷嚏后；

⑥更换尿片后及处理被污染的物件后。

（3）咳嗽或打喷嚏时，用纸巾掩盖口鼻，其后应彻底洗手。将染污的纸巾弃置于有盖的垃圾箱内。

（4）不要和其他人共享毛巾或其他个人物品。

（5）经常清洁和消毒常接触的表面，如家具、玩具和共享对象。使用1比49稀释家用漂白水（即把1份5.25%漂白水与49份清水混合）消毒，待15～30分钟后，用水清洗并抹干。金属表面则可用70%火酒清洁消毒。

（6）用吸水力强的即弃抹布清理可见的污物，如呼吸道分泌物、呕吐物或排泄物，然后用1比49稀释家用漂白水（即把1份5.25%漂白水与49份清水混合）消毒被污染的地方及邻近各处，待15～30分钟后，用水清洗并抹干。金属表面则可用70%火酒清洁消毒。

（7）当学校或院舍爆发手足口病期间，避免集体活动。此外，应减少人手调动，尽量安排同一组员工照顾同一组学生。

（8）避免与患者有亲密接触，如接吻、拥抱。

二、感冒

资料来源：台湾荣民总医院儿童医学部主任提供"婴儿与母亲"，网页发布 2016-05-03。

台北荣民总医院儿童医学部主任宋文举表示，当宝宝感冒、发烧时，应先理清病因，观察是否有其他不适症状，才能对症下药。然而，部分爸妈当宝宝一生病就给予抗生素或退烧药，其实这些都是不正确的方式，以下针对常见错误方法做说明。

感冒可分为一般感冒与流行性感冒，多由病毒感染所引起。一般感冒无特定好发季节，一年四季均可能发生，常见症状包括咳嗽、流鼻涕、全身无力等，若症状轻微可以靠自身抵抗力痊愈，若严重则必须就医治疗，通常 3～5 天内会痊愈；流行性感冒分为 A、B、C 三型，好发于冬天，一旦染上就会引起大规模的传染，例如：H1N1、H5N1 等，并且症状猛烈，包括咳嗽、流鼻涕、上吐下泻、全身酸痛无力，几乎只能卧床休息，当宝宝出现流感症状时，应及早就医，多喝水、多休息，避免不必要的体力消耗，才能尽快痊愈。宋文举主任进一步说明，由于感冒是经由空气、手、口传染，因此，想要预防感冒，必须勤洗手、维持环境清洁及定期施打流感疫苗，才能避免疾病上身。

1. 感冒不吃药，靠自身抵抗力就能痊愈

正常情况可靠自身抵抗力痊愈。当身体状况良好，感冒确实可以依靠自身抵抗力痊愈，但若体力状况差，就必须服用药物。不过，婴幼儿年纪较小，一旦被感冒病毒侵袭，没有好好休养便容易酿成重病，建议父母一旦发现宝宝有感冒症状，应先就医，由医师判定是否需要服用药物，若医师指示不需服用药物，让宝宝好好在家休养，并留意健康状况即可。

2. 感冒治不好会变成肺炎

若病情没有及时控制，可能会引起肺炎。通常一般感冒为上呼吸道感染，即病毒由口腔、鼻子入侵，引起流鼻涕、喉咙发炎、喉咙肿痛等反应；肺炎则是指肺部遭到感染，也就是下呼吸道感染，当上呼吸道的症状没有及时控制，病毒就会往下袭击气管、肺部等下呼吸道，进而造成肺炎，常见症状为咳嗽剧烈、痰变多及发烧持续4~5天以上等，需尽早就医治疗。

3. 感冒时应该多运动、多流汗

感冒应该多休息。感冒时应该多休息，而非多运动，若照常运动，甚至加剧运动频率，反而会使身体更加操劳，病情更为严重。

4. 感冒时打针好得比较快

当患者无法自行吸收养分，才会打针。感冒时是否需要打针，**必须视严重程度而定**，若是小病仅需服药、多休息即可，若症状较为严重，食欲下降，甚至没胃口、上吐下泻，此时无论吃进什么都没有达到营养补充的效果，医师会建议爸妈让宝宝住院观察，并施以打针，直接将药物注射进入血管内，帮助对抗病毒。此外，若病情较为严重，医师会给予点滴，注入人体所需的基本电解质、药物、水分等，帮助身体补充体力与恢复健康。宋文举主任强调，当患者无法吸收任何食物与药物时，才会施以打针，若宝宝症状轻微，不建议采取这类治疗，以自身抵抗力搭配药物对抗感冒即可。

5. 感冒时吃抗生素会好得比较快

感冒时应根据症状采取治疗方法，不可滥用抗生素。抗生素主要是用来对抗细菌引起的感冒症状，例如：链球菌、葡萄球菌等，但90%以上的感冒都是因为病毒引起，目前仍无有效对抗感冒病毒的药物，建议爸妈不要滥用抗生素，严重时可依症状治疗，例如：咳嗽开止咳药、有痰用化痰药、流鼻涕用止鼻涕的药、拉肚子吃肠胃药等，以减少不舒服感。

6. 感冒时不可以吃冷饮

感冒不能吃冷饮，也勿涂抹冰凉的药膏。在正常情况下，人的体温约37度，不论外在环境如何变化，体内皆能维持恒温，周遭环境应保持最舒适的温度。不过，感冒时身体抵抗力变差，对体温调节的能力下降，不论是吃冰凉的食物或涂抹冰凉的药膏，对身体来说都是一种刺激及负担，故不建议感冒时吃冷饮。

7. 吃感冒药可以预防感冒

吃感冒药无法预防感冒。感冒药是针对减缓感冒症状而设计的药物，没有预防的效果，若在身体健康的情况下服用感冒药，一旦药物成瘾，身体就会产生抗药性，感冒时的症状反而会更严重。宋文举主任指出，想要预防感冒，应多施打各种疫苗，好处绝对胜于坏处，并且保持勤洗手，注意环境卫生，才是上上之道。

8. 流感疫苗很危险

流感疫苗相当安全，有预防感冒的效果。早期的流感疫苗可能因为制造过程中的一些小问题，导致有些人施打预防针后出现身体不适的情形，但近两三年来，流感疫苗的制造过程经过严格层层把关,变得相当安全,具有预防流感的效果,民众可以放心施打。

9. 流感疫苗可以预防所有类型的感冒

流感疫苗仅可预防常见流行性感冒。流感疫苗只针对常见的流行性感冒做预防,例如:A 型流感、B 型流感等,但环境中有上千万种的细菌和病毒,可能会引起感冒不适,这些病菌不在流感疫苗的预防范围内,因此,若施打流感疫苗后仍得感冒,乃属于正常现象,但症状或许可以因而减缓。此外,平时仍应注意环境卫生与勤洗手,才能预防疾病。

10. 天气忽冷忽热要注意保暖,以免感冒

身体应保持恒温,才能预防感冒。一般来说,天气越稳定,身体越能维持一定的体温与抵抗力来避免感冒。然而,近年来天气变化大,身体常受到刺激,故更需要保持身体恒温,才能维持健康,建议爸妈视天气状况给宝宝穿衣,若天气较闷热,可穿棉质、透气且吸汗的衣服,反之则多穿保暖衣服,避免感冒。

三、发烧

资料来源:台湾荣民总医院儿童医学部主任提供"婴儿与母亲",网页发布 2016-05-03。

正常的人体体温约 37 度,若体温上升至 38 度以上,就称为发烧。发烧是体内发炎的一种反应,也是保护人体所启动的一个机制,当身体受到外在病菌或内在异常状况侵袭,例如:身体免疫力低、癌症、风湿性关节炎等,使下视丘的体温调节中心将体温设定点调

高，身体会开始出现发烧，待身体恢复健康，体温设定点便会下降，自然而然就退烧了。

当宝宝发烧时，爸妈可以先观察宝宝的身体状况，包括食欲、活动力等，若仍神采奕奕、活蹦乱跳、饮食正常，就不需太担心，大约2～3天内会渐渐退烧，身体也能自然痊愈。但若宝宝食欲下降、精神不济，就要观察是否有伴随其他症状，例如：上吐下泻、咳嗽会喘不过气来等，若有可能是得了其他疾病，必须尽快就医。

1. 发烧太久会将脑子烧坏

体温到摄氏42度以上的高烧才可能使脑神经受损。发烧是一种警讯，代表身体需要休息，若症状持续好几天，应尽快就医。宋文举主任说，大部分的发烧不会导致脑神经受损，42度以上的高烧才可能会对脑神经直接造成伤害，但发生几率极低。若宝宝曾因为发高烧而造成脑神经受损，则是因为罹患脑膜炎、脑炎等疾病，并非发烧所导致的。

2. 发烧时睡冰枕会有退烧效果

冰枕温度太低，易对身体造成刺激。睡冰枕没有退烧效果，反而会对身体造成伤害，因温度太低，若直接置于头部或枕头底下，对局部皮肤来说太过刺激。想使体温下降，应采用其他较温和的方式，例如：喝温水、待在气温适宜的环境（26℃）等。

3. 高烧不退必须打点滴或退烧针

发烧时应先找出病因再对症下药。高烧不退必须先找出病因，才能对症下药，例如：中耳炎引起的发烧就开治中耳炎的药物，肺炎则使用肺炎药物等。发烧时若一味地打点滴或退烧针，不仅无法痊愈，也可能会延误病情及浪费医疗资源。

4. 吃退烧药后又发烧，说明退烧药没效

吃退烧药后又再发烧，属正常现象。疾病程度有别，若症状较轻，2～3天内可以痊愈，若症状较严重，可能会持续4～5天，吃退烧药后又再发烧，乃属疾病的正常现象，因为退烧药只是让症状减轻、体温下降，想要完全退烧，必须等待该疾病逐渐痊愈才行，建议爸妈将焦点放在宝宝的精神头儿上，让孩子多休息、喝温水，勿太在意发烧问题。

5. 发烧时不能吹冷气或电扇

发烧时不可直接吹冷气或电扇。发烧时，下视丘将体温调节中心的体温设定点调高，若直接吹冷气或电扇，会使体温设定点更高，发烧就会更严重，正确的解决之道应该是多穿衣服、喝温水等，避免直接吹冷风，才可使体温下降。

6. 为了御寒，发烧时不能洗澡

发烧时仍可洗澡，只要控制好水温与保暖即可。水温应适中，不可过于冰凉。为了御寒而不能洗澡是古代社会的做法，当时想要热水是一件不容易的事，需要砍柴、烧火等，尤其是洗完澡后受到冷空气袭击，特别容易着凉，但现代已经有暖器等设备，当宝宝洗完澡时，仅需注意室内温度，尽快擦干身体、穿上衣服，维持保暖即可。

7. 发烧拖太久会烧到耳朵聋

听力受损是因中耳炎或脑膜炎引起，与发烧无直接关系。发烧并不会直接导致听力受损，甚至完全听不见。听力受损主要是因为中耳炎或脑膜炎所引起，发烧时必须先查找病因，针对症状治疗，才能避免听力遭到永久性的伤害。

8. 发烧应该多穿衣服

发烧时应注意保暖，发烧时体温过高，应先降温，可采取喝温水、穿适当保暖衣物，使体温下降，避免穿过多衣物，使身体闷热不适。

9. 发烧要喝饮料来缓解症状

发烧应多喝水。市面上饮料的电解质含量对身体来说太浓及太高，饮用前必须先依照医师指示来稀释，建议爸妈在宝宝发烧时，直接喝普通温开水较方便，也有助于健康退烧。

10. 退烧就代表已痊愈

退烧后仍须持续观察有无异常症状，直到身体痊愈。发烧时若吃药或打针退烧就代表急性期已过，接下来是恢复期，但仍需注意有无其他异常症状，避免发生后遗症。

第六节 癫痫的认识与处理

【编者按：癫痫为伴随脑瘫比例较高的病症，脑瘫儿童在训练期间出现癫痫的症状，家长与工作人员必须要学会处理。频繁癫痫发作不单是影响儿童训练，更是不断造成脑部损害。因此，家长对癫痫有完整的认识非常重要，能帮助他们以正确的方法寻找治疗方案。引导式教育专业团队必须以恰当的方式引导家长明白这条原则。以下资料由浙江康复医疗中心莫文医生提供，作为家长讲座的参考资料。】

由于脑瘫儿童的脑部有损伤，损伤的脑细胞会异常放电，导致癫痫的发生，所以脑瘫儿童发生癫痫的比例是很高的，癫痫有可能造成脑细胞更严重的损害甚至威胁生命，当癫痫发生时，家长要学会处理并尽量预防。

一、脑瘫与癫痫的关系

1. 30%～48%的脑瘫伴有癫痫。
2. 半数以上1岁内发病，平均发作起病年龄18.9个月。
3. 脑瘫合并癫痫时，应在脑瘫康复的同时进行抗癫痫治疗，但疗程比单纯的癫痫更长，且需要联合用药。
4. 成为难治性癫痫的可能性大。

二、高热惊厥与癫痫

1. 据统计有3%的儿童在6个月至5岁之间有一次或数次发作。

2. 当高热惊厥发生在 6 个月以内或 5 岁以上，低热时即出现惊厥，惊厥呈明显的左右不对称，持续时间超过 15 分钟以上，频繁发作常达 5 次以上，脑电图不正常，就有可能会发展成癫痫。

3. 及时降温可以预防惊厥发作。

三、癫痫发作的表现

1. 癫痫发作最常见的形式是抽搐和一时的意识障碍。
2. 每次表象都是刻板而固定的。
3. 大多数病人可自行恢复。

四、如何观察癫痫发作

从癫痫发作的表现，可以推断癫痫的类型，指导其用药。故要仔细观察癫痫发作时的情况。

1. 如有无先兆，有无意识丧失，面色如何？
2. 有没有呼吸暂停？
3. 抽动开始的部位。
4. 肢体抽动是一侧还是两侧？
5. 面部有无抽动？
6. 抽动持续时间。
7. 有的病人只是表现愣神、咂嘴、摸索及一些无意识活动。

五、孩子在家中发作癫痫，家长应该怎么办？

1. 及时上前扶住孩子，尽量让其慢慢躺下。
2. 清除发病地点可能会对病人造成伤害的物品。
3. 使病人处于侧卧位，便于气道通畅，解开导致呼吸困难的衣物，取下眼镜。

4. 不必制止病人的动作或按压病人的肢体。

5. 口中不必塞任何东西，以免窒息。

6. 抽搐时不要灌药。

7. 保持镇静，记录抽搐发作的时间，一般来说发作的时间不超过2～3分钟，无须采取特殊的措施就可以自行缓解。但如果超过4～5分钟就有可能会成为癫痫持续状态，需要及时处理，尽快终止发作。

8. 抽搐过后，立即将孩子转身至复原位，这样可以帮助呼吸，避免窒息。

9. 孩子抽搐后也可能会烦躁、疲劳或急躁，要努力使其放松、镇静。

10. 家属一定要冷静，但如果发作时间超过5分钟或一次接着一次发作，则应立即到医院就诊。

图 1.6.1 扶住他慢慢躺下

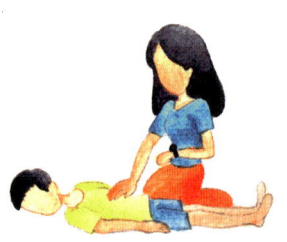

图 1.6.2 冷静守护、观察与计算时间

六、怎样预防癫痫发作

1. 最可靠的方法就是按时、按量地服用抗癫痫药物。

2. 避免促发因素如饮酒、疲劳、暴饮暴食、饮水过多、睡眠剥夺、长时间看电视、惊吓、过度换气、精神压抑、感染疾病、受凉发病等。

七、停药原则

1. 一般癫痫的停药原则是至少 2 年以内无临床发作并且脑电图恢复正常。

2. 合并癫痫的脑瘫病人的停药时间一般为临床无发作 3～5 年以及脑电图恢复正常。

3. 减药、停药的过程应谨慎、缓慢，服用两种以上药物的情况下应一种一种地减。个别病人减药至完全停药甚至需要经历一年以上的时间。

八、合并癫痫的脑瘫病人的康复治疗

1. 康复治疗与控制癫痫两者同样重要。

2. 电刺激、针灸、封闭、脑蛋白水解物均能加重癫痫发作。

3. 各种能力训练、按摩等一般不会加重癫痫发作。

第二章
操作篇

【编者按：操作篇只是收录了一部分有关粗大运动的操作建议，作为机构自行制作家长培训教材的参考。引导式教育各个元素都包含操作成分，引导式教育团队可从《脑瘫儿童引导式教育教材教与学》一书中找参考资料，制作家长培训教材，向家长解释原理，同时配合日常的课堂与流程手把手指导家长操作的技巧。】

第一节 家长守则

【编者按：引导式教育视家长为合作伙伴，一方面尊重家长为培养孩子的主要人物，另一方面建立家长的能力与积极的态度。因此引导式教育工作团队需要以耐心聆听家长的困惑和需求，但同时也需要向家长提出明确的要求，设定家长在康复中心陪伴孩子进行学习与训练的行为规范，目的是要与家长建立良好的伙伴关系，让孩子能每天获得愉快的成长经历。因此，我们以家长守则作为操作篇的开始。但是必须注意，在制定家长守则的时候，引导式教育工作团队必须以尊重家长的态度来执行。以下是家长参与引导式教育的规范，选取自广东省残疾人康复中心的家长手册，各机构可以按自身的情况选取合适的作为参考，制定本机构的家长手册。】

选自广东省残疾人康复中心提供家长的入学讯息

一、家长手册

1. 家长注意

引导式教育不排斥使用其他正规的康复训练手段对儿童进行康复，如果家长认为有需要增加其他康复训练，可以安排您的孩子在一日流程之外的时间进行。部门不接受在一日流程之内家长安排儿童参与其他机构康复训练，从而影响整个引导式教育系统康复教学的进行。同时，期望家长若在引导式教育以外给予儿童其他治疗，也要通知康复中心。

2. 家长如何参与孩子的训练与一日流程

（1）儿童在我部门按照教师制定的 8:30～16:30 的日间流程进行学习，在学习的过程中家长作为教学团队的一员要与教师充分合作，共同构建一个适合孩子的教学氛围。

（2）家长在辅助教学的过程中需按照教师的流程安排配合工作，并接受教师在辅助技巧、儿童性格管理等方面的指导，及时与教师沟通，取得教学的一致性。未能够按照教师流程计划执行的家长，影响到整个班级教学，我们将撰写教学报告申报中心，建议暂停该儿童学位。

（3）家长可按照正规的途径反映情况，对于教师的工作态度、工作方式的投诉可通过面谈、书面反映、电子邮件等多种方式反映给部门负责人，部门负责人会在 3 个工作日内给予答复。

（4）家长有必要、有责任参与部门组织的各类家长培训及家长小组活动，提高自身对孩子的认识及学习如何管理孩子。

（5）家长需认真督促孩子完成教师布置的家庭作业，并及时完成书面反馈作业。

（6）家长需自觉遵守中心的各项管理规定，未经同意不可随意翻阅儿童档案、不可随意使用各类教具或辅具、不可随意进出教具室。教师会根据本班情况安排家长轮流值日，具体值日职责见本班公告栏。

（7）家长需自觉维护家长室的环境卫生，就餐后保持位置清洁及桌椅摆放整齐；按照操作程序在规定时间内使用微波炉；禁止使用饮用水清洗餐具。

（8）家长应及时清理儿童上课后遗留的纸巾等各种杂物，用过的尿片及时丢弃到楼梯口的大垃圾桶内；儿童衣物、毛巾等物品应晾到指定的地方，不能随意晾晒。

（9）午休时间12:30～13:45，在休息大厅请保持安静，禁止大声说话。

3. 引导式教育课程家长安全告知

为保证在训儿童在中心的安全，根据引导式教育开展模式的需要，明确老师、家长在课程的流程中所担负的责任。特向家长作出如下安全告知：

（1）家长应服从本组老师的安排，严格按照本组老师制定的一日流程随组教学；如果未按照流程造成的儿童安全问题，需由家长自己承担责任。在家长自己辅助儿童的过程中出现的安全问题需由家长自己负责。

（2）在儿童转移、如厕、洗手的过程中需戴安全帽，因未戴安全帽造成儿童摔倒而出现的安全问题需由家长自己负责。

（3）使用辅助具、辅助教具需按照本组老师指引执行，未按照指引执行造成的儿童安全问题需由家长自己负责。

4. 考勤及请假相关规定

（1）儿童应按规定时间准时上学，不迟到，不早退。迟到后家长请不要带儿童进入教室，要等当节课结束后方可进入教室，以免影响其他儿童上课。

（2）儿童生病或其他原因请假，原则上需在前一天中午11:00前向本班教师提出请假申请，如遇紧急情况须在当天上午8:30前通知本班教师。事假请假连续超过半个月或病假连续超过1个月应报中心申请停止该儿童学籍。

（3）儿童停餐需在前一天11:00前向本班教师提出申请，超过时间将无法安排停餐。

广东省残疾人康复中心脑瘫儿童入学协议书（参考版）

甲方：广东省残疾人康复中心　　　乙方（家长或监护人）：
地址：广州市东风东路钱路头直街2号　儿童姓名：
联系电话：　　　　　　　　　　　　家庭住址：

联系电话：

　　为共同完成对儿童的生活照顾、教育和训练，为儿童融入社会生活和学习创造条件和机会，现就儿童XXX（与乙方关系　　　）入读脑瘫康复部班级事宜，经甲乙双方协商，达成平等、友好、合作的伙伴关系，并签订以下协议，供双方共同履行。

1. 一般性问题

　　（1）签订此协议，表明乙方认同脑瘫康复部的服务理念。乙方对脑瘫儿童子女担负法定代理人职责，须积极配合甲方工作人员对儿童的康复教育，关心儿童的学习进度。

　　（2）入读儿童的家长须按气候为子女准备至少3套内、外衣裤，鞋袜各2双，安全帽一顶。

2. 权责

　　（3）家长须在甲方安排的上课时间上午8:30前带儿童到甲方脑瘫部门，按照教师制定的8:30～16:30的日间流程进行学习，在学习的过程中家长作为教学团队的一员要与教师充分合作，共同构建一个适合孩子的教学氛围。

　　（4）在儿童训练教学期间家长须全程辅助，在辅助教学的过程中要按照教师的流程安排配合工作，并接受教师在辅助技巧、儿童性格管理等方面的指导，及时与教师沟通，取得教学的一致性。未能够按照教师流程计划执行的家长，影响到整个班级教学，甲方可单方终止协议，暂停乙方儿童学位，并退还乙方相应的费用（如有）。

（5）家长可按照正规的途径反映情况，对于教师的工作态度、工作方式的投诉可通过面谈、书面反映、电子邮件等多种方式反映给部门负责人，部门负责人须在3个工作日内给予答复。

（6）家长有必要、有责任参与部门组织的各类家长培训及家长小组活动，提高自身对孩子的认识及学习如何管理孩子。

（7）家长须认真督促孩子完成教师布置的家庭作业，并及时完成书面反馈作业。

（8）家长须自觉遵守中心的各项管理规定，未经同意不可随意翻阅儿童档案、不可随意使用各类教具、辅具、不可随意进出教具室。

（9）家长须自觉维护家长室的环境卫生，就餐后保持位置清洁及桌椅摆放整齐；按照操作程序在规定时间内使用微波炉；禁止使用饮用水清洗餐具。

（10）家长应及时清理儿童上课后遗留的纸巾等各种杂物，用过的尿片及时丢弃到楼梯口的大垃圾桶内；儿童衣物、毛巾等物品应晾到指定的地方，不能随意晾晒。

（11）儿童在训期间，儿童的安全责任由乙方承担，乙方儿童突发疾病或发生意外，甲方有义务配合乙方作紧急处理并承担相应费用。如发生属于甲方人为的或疏忽的责任事故，甲方积极与乙方协商，并承担相关的责任。

（12）乙方须留备紧急联系电话3个或以上，若家庭住址和联系电话有更改，须及时通知甲方部门主管。

（13）甲方对儿童及其家庭情况给予保密。为了更好地提供优质服务，甲方与乙方建立一种开放的、互相信赖的关系。

（14）本协议一式两份，甲乙双方各执一份。本协议一经双方签字即时生效，协议有效期为一年。本协议期满后，由双方另行协商签订新的协议。

甲方：广东省残疾人康复中心　　　　　乙方：
负责人或授权代理人：　　　　　　　　手指印：
日期：　　　　　　　　　　　　　　　日期：

第二节 基本动作模式和异常模式

【编者按：基本动作模式是引导式教育贯通式专业团队用于描述粗大运动功能发展的共通语言，便于物理治疗专业以外的专业人员易于明了脑瘫儿童正确的姿势控制和动作协调的要点，促进专业之间的沟通与互相支援。因此，引导式教育团队也强调把基本动作模式介绍给家长，帮助家长更有能力把机能的训练融汇到日常生活中。以下三篇资料由浙江康复医疗中心提供，用于家长讲座。讲座以外，必须配以实操和直接在课堂指导家长，才能让家长真正掌握要诀。】

浙江康复医疗中心提供

一、基本动作是什么？

我们日常生活中所有的活动都是由基本动作模式组成，生活自理也不例外，然而脑瘫儿童的动作模式几乎与所有的基本动作模式相反，所以造成生活自理困难，那么基本动作模式究竟是什么呢，以下这七个动作就是基本动作模式。

1. 抓握及放手：能抓住东西，也能放开

图 2.2.1 抓的正确姿势

图 2.2.2 放的正确姿势

（1）当儿童学会抓握时，他能抓住横杆将自己拉起。

（2）抓住横杆站立。

（3）抓住梯背架走路。

（4）当他要抓握时，也促进伸直手肘。

（5）当他双手抓握时，促进肩部和脖子稳固，使头部保持在中线位置，眼睛看眼前的东西，操作物品，促使注意力集中。

（6）偏瘫的儿童，用健手抓握患手，使他注意到忽略的另一侧身体。

2. 伸直手肘：能伸直手肘向前触摸、抓握，也能撑地

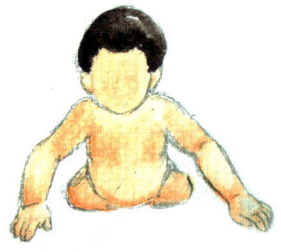

图 2.2.3 伸直手肘

（1）当儿童能伸直手肘时，能触摸各个方向的东西。

（2）能支撑前面的桌子或地面坐得更好。

（3）倒地时能支撑地面。

（4）走路时能将梯背架推向前。

3. 固定：固定一部分身体、活动另一部分身体

图 2.2.4 一肢固定，一肢活动

（1）固定双脚在地面，屁股在凳子上，能坐稳，很好地运用双手。

（2）固定一只手，另一只手可以写字、拿勺吃饭。

（3）固定一条腿，另一条腿可以抬起来走。

（4）固定一侧身体，另一侧可以翻过来。

4. 朝向中线：头、眼睛、四肢能保持在中线的位置上

图 2.2.5 双手在中线握奶瓶

（1）当头、眼睛、双手在中线位置时，能并用双手操作。

（2）促使其注视前面的物件，有助于专注力发展。

（3）建立手眼协调能力。

5. 髋关节的活动：髋关节能屈曲、伸展、内收、外展

图 2.2.6 髋关节屈曲做蹲的动作

图 2.2.7 髋关节伸展维持站立

（1）当髋关节屈曲时，能坐稳在地上、凳子上或蹲下、朝前迈腿。

（2）当髋关节伸展时，能站直、走路时向后蹬腿。

（3）横走时需要内收、外展。

（4）站稳时需要双腿外展。

6. 躯干转动：转动身体使动作协调、灵活

图 2.2.8 躯干转动

（1）翻身。

（2）从后面拿东西。

（3）从床上或坐凳到梯背架，从梯背架到洗漱台、小便池等地互相转移，都需要转身。

7. 重心转移：重心上下、前后、左右移动

图 2.2.9 走路需要重心转移

（1）翻身是左右重心转移。

（2）从坐到站、从站到坐是上下重心转移。

（3）走路是左右、向前重心转移。

以上基本动作模式互相组合，才能完成各种日常活动。

8. 脑瘫儿童的基本动作模式

（1）双手不能抓握，或者抓住了不能松手。

（2）肘关节屈曲，不能伸直。

（3）双脚不能固定在地面上，屁股不能固定在坐凳上，双手不能固定在桌面上。

（4）头部、眼睛，有时四肢不能保持在中线位上。

（5）髋关节坐凳时不能很好地屈曲，站立时不能很好地伸展、

外展。

（6）当髋关节屈曲时，手肘不能伸直，躯干转动困难，重心转移时容易失去平衡。

图 2.2.10 缺乏固定、中线、抓握，难于保持坐位平衡

第三节 基本动作模式与日常姿势

脑瘫儿童增高的肌张力和原始反射引起姿势异常,异常姿势也与基本动作模式正好相反,长期的异常姿势导致肌肉挛缩甚至关节僵硬、骨骼变形,进一步加剧行动困难。所以家长平时要重视姿势的管理并教会儿童时时检视自己的姿势。

一、正确姿势与错误姿势

图 2.3.1 伸肌张力高儿童家长错误抱姿

图 2.3.2 伸肌张力高儿童家长正确抱姿

图 2.3.3 曲肌张力高儿童家长错误抱姿

图 2.3.4 曲肌张力高儿童家长正确抱姿

图 2.3.5 伸肌张力高儿童错误躺姿　　　　图 2.3.6 伸肌张力高儿童正确躺姿

图 2.3.7 曲肌张力高儿童错误躺姿　　　　图 2.3.8 曲肌张力高儿童正确躺姿

图 2.3.9 曲肌张力高儿童错误躺姿　　　　图 2.3.10 曲肌张力高儿童正确躺姿

图 2.3.11 伸肌张力高儿童错误坐姿　　　　图 2.3.12 伸肌张力高儿童正确坐姿

图 2.3.13 曲肌张力高儿童错误坐姿

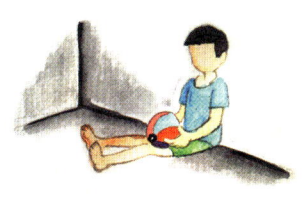
图 2.3.14 曲肌张力高儿童正确坐姿

图 2.3.15 肌张力高儿童错误站姿

图 2.3.16 肌张力高儿童正确站姿

二、基本动作模式与生活自理的关系

离开基本动作模式，生活自理无法完成。以下分析基本动作模式与生活自理的关系。

1. 起床

当家长意识到不应该抱孩子起床，而让孩子自己起床，就是自理活动开始了，也就是基本动作模式训练开始了。

这个活动分解如下：

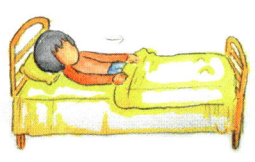

图 2.3.17 抓紧被单，推开
（抓握、伸直手肘）

图 2.3.18 双手支撑，转身成俯卧
（伸直手肘、屈曲髋关节）

图 2.3.19 手推床，不断分合双脚，移至床旁
（转身、伸直手肘、髋关节外展、内收）

图 2.3.20 趴在床上,将脚放在地上并放平
（手肘伸直、髋关节屈曲、双脚固定）

图 2.3.21 手扶床沿站直
（手肘伸直、髋关节伸展、双脚固定）

2. 如厕

图 2.3.22 抓住床上的横杆,一步一步往下移,坐在便盆上
（抓握、放手、抓握、放手、重心下移、髋关节屈曲、双脚固定在地上）

3. 坐在床前穿衣

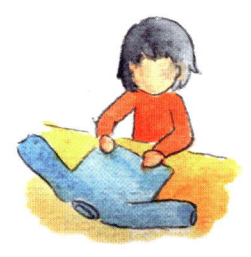

图 2.3.23 坐在凳上,衣服放在床上

图 2.3.24 手肘靠在床上,抓住下摆,另一手伸进袖子(双脚固定、髋关节屈曲、手肘固定、抓握、伸直手肘)换一只手肘靠在床上,抓握下摆,另一只手伸进袖子

图 2.3.25 两手同时抓住下摆,伸直手肘将头套进,抓住下摆,伸直手肘拉直衣服(抓握、伸直手肘)

4. 坐在凳子上穿鞋

图 2.3.26 坐在矮凳上,将一只脚搭在另一只脚上(一只脚固定、髋关节屈曲,屁股重心转移至一侧,髋关节外展)

图 2.3.27 弯腰,抓住一只脚的裤腿往上拉至另一膝盖上(进一步屈曲髋关节、伸直手肘、抓握)

图 2.3.28 抓住鞋帮套上脚并拉上(抓握、伸直手肘)

5. 喝水

图 2.3.29 坐在桌前,手肘支撑在桌上,双手抓住双耳杯,放在嘴边,控制头部喝水(双脚固定地面、髋关节屈曲、双手肘固定桌面、头部保持中线位)

6. 吃饭

图 2.3.30 坐在桌前,一只手抓握扶手,另一只手肘靠在桌面,手抓握调羹吃饭(双脚固定地面、髋关节屈曲、伸直手肘、抓握、固定手肘于桌面、抓握)

7. 从床边转移至小便池

图 2.3.31 扶床沿走床边梯背架(伸直手肘、抓握床沿、放松、身体重心左右转移、髋关节内收、外展、一只脚固定,另一只脚活动)

图 2.3.32 抓住旁边的梯背架(放手、抓握、转身)

图 2.3.33 推梯背架出房间(伸直手肘、抓握、重心左右、前后转移、髋关节伸展、屈曲,一只脚固定、另一只脚活动)

图 2.3.34 转身一只手抓住便池扶手,另一只手利用大拇指脱裤子(转身、一手抓握固定,伸直手肘)

在日常生活中,以上这些自理活动每天都要自然地进行多次,家长们自始至终要耐心地陪着孩子做这些活动,在不知不觉中,他们克服了没有作用的异常动作模式,学会了基本动作模式,并越来越熟练,生活自理能力逐渐提高了,独立性也就增强了。

除此以外,学校生活、社交生活活动也是由基本动作组成,家中的生活自理训练也增强和促进了这些活动的参与,为学生融入社会打下了基础。

第四节　挛缩的预防与处理

【编者按：被动牵拉是其中一个预防挛缩的方法，以下资料利用图画阐释正确的牵拉手法，可作为家长手册的蓝本。除了被动牵拉，平日保持正确的基本动作模式、使用合适的辅助用具及主动运动，对预防挛缩更重要。在家长培训的时候必须强调此点。】

浙江康复医疗中心提供

脑瘫儿童中有四分之三的孩子有肌张力增高的问题，肌张力增高导致肌肉无力和肌肉生长减慢，长此以往造成肌肉挛缩（就是缩短），进而关节变形，肢体姿势异常，进一步加重坐、立、行及手部操作物件困难。

所以，预防挛缩是处理肌张力增高儿童的康复的重要一环，预防挛缩的手段很多，有伸展治疗、姿势管理、辅具配置、口服及注射药物、手术等。

以上诸多方法，其中后两种不是所有儿童都适用，但伸展治疗、姿势管理几乎每个高张力儿童每天要进行，且家长易学易掌握。所以，本篇着重介绍伸展治疗和姿势管理的方法。

一、什么是伸展治疗？

伸展治疗是成人运用外力，把儿童收紧了的身体部位放置及停留在一个合适的伸展位置，以达到伸展肌肉、筋膜，增加肢体的柔软度的方法。

二、什么时候做伸展治疗较好？

1. 每天应安排多次做伸展，早上、午睡起床后、入睡前及进行活动前后等。

2. 家长要预留足够的时间进行伸展，如果时间有限，建议不同的肌肉伸展分配在不同的时段。

三、伸展治疗要注意什么？

1. 为确保安全，家长应在治疗师指导及实习后才可以自行给孩子做伸展。

2. 要在儿童情绪放松的情况下进行。

3. 家长要选择安全的地点，避免碰到硬物，确保自己的安全和舒适，不要过度弯腰和用力。

4. 伸展的幅度要逐步加大，当感到肌肉有阻力时应保持姿势，等候肌肉放松，一般由数秒到一分钟不等，当感到肌肉放松后，可慢慢增加幅度，每个肌肉的伸展幅度都有极限，如不清楚极限在哪里，请询问物理治疗师。

5. 当孩子突然感到极度疼痛时，必须立即停止并询问医师。

6. 当伸展部位有炎症、伤口、骨折时，应停止伸展治疗。

7. 当伸展后有持续的疼痛、伸展部位发热、红肿等情况应停止，休息两三天，等疼痛减轻后再进行，严重者需要咨询医师。

四、怎么做伸展治疗？

下面介绍几种简单的伸展方法。

1. 颈部肌肉伸展法

当孩子的头总是往一边侧的时候，往往提示这侧的颈部肌肉痉挛。

（1）让儿童仰卧，家长坐在孩子的头后侧。

（2）家长一只手掌放孩子的额部，另一只手固定一侧肩部。

（3）将孩子的头转向对侧，并把下巴内收，使同侧颈部有拉扯感。

（4）保持15～30秒，重复2～3次。

图 2.4.1 颈部伸展

2. 肘关节伸展法

当孩子的手肘总是屈曲不能伸直时，提示肘部肌肉痉挛。

（1）让孩子坐着，家长坐在孩子的背后。

（2）家长用一只手托着儿童右肘，另一只手把它伸直，直至上臂有少许拉扯的感觉。

（3）保持姿势15～30秒，重复2～3次。

图 2.4.2 肘关节伸展

3. 腕部伸展法

当孩子的手腕总是向内屈曲时，提示腕部肌肉痉挛。

（1）让孩子坐着，家长坐在孩子后面。

（2）家长一只手固定孩子手肘，另一只手张开手掌并伸直2～5个手指，将手腕慢慢往下屈，直至掌面向前，至手腕有少许拉扯感。

（3）保持15～30秒，重复2～3次。

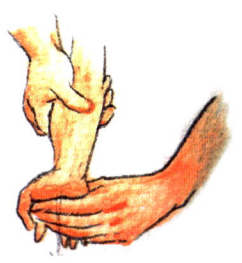

图 2.4.3 腕关节伸展

4. 拇指伸展法

当孩子的拇指总是内收时，提示拇指底部肌肉挛缩。

（1）让孩子坐着，家长坐在孩子的后面。

（2）家长一只手固定儿童食指底部，另一只手握着大拇指底部，慢慢将大拇指向外伸展，直至大拇指底部有少许拉扯感。

（3）保持15～30秒，重复2～3次。

图 2.4.4 拇指伸展

5. 髂腰肌伸展法

当孩子站立时屁股往后翘,不能直起腰时,提示腰与髋之间的肌肉痉挛。

(1)家长坐着,儿童仰卧在家长的大腿上,头、胸及下肢向下垂。

(2)保持2~3分钟。

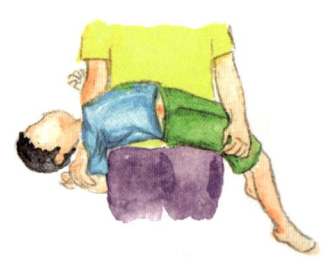

图 2.4.5 髂腰肌伸展

6. 大腿内收肌伸展法

当孩子站立和走路时双腿交叉,提示大腿内收肌痉挛。

(1)让孩子仰卧,家长坐在孩子的下侧。

(2)将髋关节屈曲至90度。

(3)屈曲的髋关节向外推,直到大腿内侧有少许拉扯感。

(4)保持15~30秒,重复2~3次。

7. 大腿内收肌及腘绳肌伸展法

当孩子站立和走路时,双腿交叉同时膝关节屈曲,提示大腿内收肌和腘绳肌痉挛。

(1)让孩子仰卧,家长坐在孩子的下侧。

(2)双腿伸直。

（3）将伸直的双腿向外推，直到大腿内侧有少许拉扯感。

（4）保持 15～30 秒，重复 2～3 次。

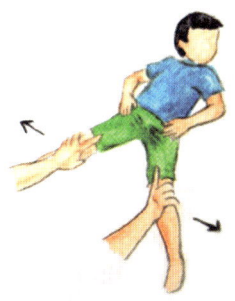

图 2.4.6　大腿内收肌及腘绳肌伸展

8. 腘绳肌伸展法

当孩子站立和走路时膝关节屈曲，提示腘绳肌痉挛。

（1）让孩子仰卧，家长坐在孩子一侧。

（2）将一腿抬高致髋关节屈曲成 90 度。

（3）家长用一条腿固定另一侧腿，慢慢抬高脚踝，直至大腿后面有少许拉扯的感觉。

（4）保持 15～30 秒，重复 2～3 次。

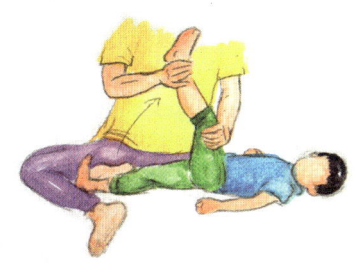

图 2.4.7　腘伸肌伸展

9. 比目鱼肌伸展法

当孩子坐凳子时脚跟不能着地，提示小腿比目鱼肌痉挛。

（1）让孩子仰卧，家长跪坐在孩子的一侧。

（2）一只手固定一膝并屈曲至90度，另一只手掌心握着脚跟，以掌根部及小臂的力量推后脚掌至屈曲，使小腿有少许拉扯感。

（3）保持15～30秒，重复2～3次。

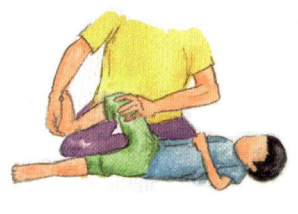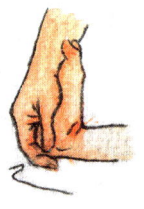

图 2.4.8 比目鱼肌伸展

10. 腓肠肌伸展法

当孩子站立和走路时脚跟不能着地，提示可能是小腿腓肠肌痉挛。

（1）让孩子仰卧，家长跪坐在孩子一侧。

（2）一只手固定一膝并屈曲至90度，另一只手掌心握着脚跟，以掌根部及小臂的力量推后脚掌至屈曲，并保持一会儿，然后慢慢伸直膝部。

（3）保持15～30秒，重复2～3次。

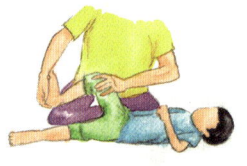

图 2.4.9 腓肠肌伸展

第五节 辅助器具的选择与使用

【编者按：以下的参考资料主要给非康复专业的引导式教育团队成员或经验比较浅的康复人员参考，当团队所有成员对这些辅助用具有一致的认识及使用方法，在日常指导家长的时候，可以提供一致和正确的讯息。】

宁夏康复中心提供的参考资料

辅具（Assistive device），意指可以帮助人们在日常生活、工作、学习方面更加独立、方便、安全的工具，同时也能帮助照顾者更轻松地照顾功能障碍人士的工具。

一、辅具的分类

国家标准《残疾人辅助器具分类和术语》GB/T 16432—2004 / ISO 9999：2002（等同采用的国际标准），将残疾人辅助器具分类为 11 个主类、135 个次类和 741 个支类。11 个主类分别是：个人医疗辅助器具，技能训练辅助器具，矫形器和假肢，生活自理和防护辅助器具，个人移动辅助器具，家务辅助器具，家庭和其他场所使用的家具及其配件，通讯、信息和讯号辅助器具，产品和物品管理辅助器具，用于环境改善的辅助器具和设备、工具和机器，休闲娱乐辅助器具。

二、辅具的作用

无论是购买、改造的商品或是经过特殊设计，辅具的主要功能在于增进、改善或维持残障者的功能,可代偿残障人士缺损或丧失的功能,正确而成功的运用辅具将帮助使用者言语表达,完成生活自理,具备移动能力,参与学校活动,甚至获得职业能力,让残障人士在家庭和社会生活中获得最大程度的独立性与满足感。

三、脑瘫儿童常用辅具

工作人员在向脑瘫人士及其照顾者介绍或推荐辅具时需先向其解释辅具的作用及选择使用辅具的目的,避免使用者过分依赖辅具的作用而忽略了功能的发展和参与活动的目标。

1. 体位管理辅具

(1)分类:卧位姿势辅具(楔形垫、滚筒、姿势矫正组合垫)、坐位姿势辅具(三角椅、可控式坐姿辅助器具)、立位姿势辅具(仰卧式、直立式、俯卧式站立架)。

(2)选择:选择该类辅具需考虑其是否具有以下功能:能够降低不正常的肌肉张力与身体反射的影响,维持神经骨骼正常排列与关节活动度,控制或预防畸形或挛缩,预防压疮,舒适、稳定,方便照顾者操作等。该类辅具需对儿童关节活动、肌肉张力等情况进行详细评估,结合儿童日常活动,选择舒适体位后采用,使用过程中更强调各固定部位的牢固和有效支撑,以及固定后身体各关节对位是否良好,同时应避免长时间保持固定姿势。

2. 移行辅具

(1)分类:步行辅具、移动辅具、轮椅辅具、轮椅配件。

(2)选择:步行辅具应结合脑瘫儿童行走能力来选择,按其稳定性由小到大排序依次为:手杖(单脚、三脚、四脚)→拐杖(腋拐、前臂拐）→儿童助行器（前推式、前俯式、后置式、步态训练用助行器、梯背架）；此外还包括坐位移动辅具如安装骨盆及足部固定带的三轮脚踏车、手推车、轮椅等。值得一提的是需注意轮椅配件的重要性，比如靠背垫、桌板、防压疮垫等，可以有效帮助儿童保持良好姿势以及预防变形及压疮。该类辅具强调对幼儿身体尺寸的准确测量及活动能力的准确评估，需由医师、治疗师及工程师共同商定、选购、改造并进行使用指导。

3. 生活自理辅具

（1）分类：移位辅具（转位带、移乘板、单向滑布）、饮食辅具（吸盘碗、粗柄勺、特殊吸管、斜口杯、防滑餐垫）、穿着辅具（穿扣器、鞋拔）、沐浴卫生辅具（坐便椅、加高马桶座椅、沐浴躺椅、马桶支架）、书写辅具（握笔器、口棒）、休闲辅具（游泳浮板、游泳用尿布）。

（2）选择：生活自理类辅具的选择需与照顾者进行深入沟通，熟悉儿童生活环境，结合其生活习惯及需求购买或改制现有物品为最佳选择，比如应引导家长根据儿童能力选择使用粘扣来代替鞋带或纽扣，使用橡皮筋制作简单的握笔器等。

4. 科技辅具

（1）分类：特殊开关、电脑辅具（改装键盘和鼠标、眼控装置）、环境控制。

（2）选择：该类辅具常常会在儿童上学、就业阶段发挥重要作用，尽早向家长介绍该类辅具的应用可以帮助家长树立信心，从而在儿童未来规划方面有合理的考虑。

5. 沟通辅具

（1）分类：沟通图卡、沟通板、沟通软件。

（2）选择：该类辅具强调沟通对于脑瘫儿童认知发展及参与社会的重要性，需向家长解释沟通不只是语言表达，还包括肢体语言、表情等，强调沟通的有效性，因此通过对其认知能力和沟通能力的评估，可以帮助儿童选择合适的非言语沟通方式。

四、辅具相关政策

《国务院办公厅转发关于加快推进残疾人社会保障体系和服务体系建设的指导意见的通知》中指出："有条件的地方对重度残疾人适配基本型辅助器具、残疾人家居环境无障碍建设和改造、日间照料、护理、居家服务给予政府补贴。"

五、结语

辅具服务是一项需要跨专业团队合作的工作，其成员应包括医疗、工程、特教人员及照顾者等。在团队中每位成员需尽可能地提供充足的信息并相互配合才能提供完整的服务，这个过程中最重要的则是照顾者的使用需求和脑瘫儿童的活动要求，只有充分考虑到使用者的需求才能提供适用的辅具。

第六节 训练目标

【编者按：引导式教育既然视家长为培养儿童的主要人物，专业团队从评估至制定目标的过程都必须要带动家长参与。以下是东莞残疾人康复中心提供的具体施行方法，也提供一个如何向家长解释儿童训练目标的理念的范例。】

东莞市残疾人康复中心提供

	施行方法	预备工作
训练目标	1.邀请家长参加孩子的评估，与家长一起解读评估结果。	1.准备评估工具、资料等。
	2.让家长根据评估结果，提出下个阶段对儿童康复的期望，治疗师对家长的期望进行分析后，提出儿童下阶段的康复训练目标。	2.团队订立孩子的康复训练目标。
	3.将训练目标上墙，方便家长随时翻阅，以加强理解与执行。	3.打印每个孩子的康复目标。

脑瘫儿童整个康教计划流程都是一个学习的过程，在学习中我们总是要围绕着孩子的学习目标开展一系列的康教活动。

学习目标包括功能目标及机能目标（学习的先决条件）两方面：

一、功能目标

1. 儿童在某一个阶段内要达到的功能成就。
2. 按儿童六大范畴的发展与需要来制定。
3. 目标比较具体及有可量度。
4. 举例子：

（1）站

现有的能力：需要成人压着膝盖可以站立几秒。

功能目标：不用成人辅助，能保持膝盖伸直站立 1 分钟。

（2）位置转移

现有能力：坐位时需要成人固定膝盖站起来。

功能目标：在看顾下，能独立从坐位站起来。

图 2.6.1 位置转移

二、肌能目标

1. 建立功能目标的基本能力

活 动	常见问题	学习肌能目标
坐、站、行	（1）缺乏中线发展。 （2）双手不能伸直抓握。 （3）双下肢常伸直交叉或屈曲。	（1）维持中线、对称姿势。 （2）伸直手抓握。 （3）坐：屈曲并分开双腿。 （4）站、行：伸直并分开双腿。
手部	（1）忽略对手部的注意。 （2）缺乏双手朝向中线的发展。 （3）双手常常呈握掌状，大拇指内收。	（1）加强对手部的注意。 （2）双手朝向中线抓握及放开，双手能互相协调。

自理	缺乏主动参与的意识。	运用基本动作模式参与。自理活动中，以加强参与的机会与意识。
沟通及社交	缺乏表达或回应意向。	（1）注视及模仿做动作。 （2）注视及模仿发音。

2. 功能目标与肌能目标的配合

　　肌能目标的学习是达致→功能目标的生成。

3. 举例子

（1）功能目标：翻身

　　肌能目标（学习先决条件）：举高双上肢；一条腿屈曲，另一条腿伸直；躯干转动。

（2）功能目标：从坐凳到站立

　　肌能目标（学习先决条件）：交叉双手；伸直手肘；双脚踏实地；分开膝盖；重心前移；伸直膝盖。

图 2.6.2 从坐至站

第七节　转介与追踪服务

【编者按：长江新里程计划脑瘫儿童引导式教育项目最终的目的是为脑瘫儿童建立入学与融入社会的绿色通道，因此，除了在康复机构进行全人教育与康复，增强儿童的能力，为入学和融入社会创造有利条件，同时，也要求专业团队介入儿童离开机构之后的支援。与此同时，引导式教育重视儿童在家庭的生活独立，家庭的环境改造也是促进独立的重要因素。因此，儿童在机构训练期间，专业团队的服务也要延伸到家庭里。以下参考资料由东莞市残疾人康复中心提供，详细列出该中心在转介与追踪服务的实施方法和实例，值得各机构参考。】

东莞市残疾人康复中心提供

一、家居改造措施

	实施方法	预备工作
家居改造	1.通过问卷了解儿童在家庭生活流程中家居环境的主要障碍。	1.准备问卷。
	2.组织治疗师、教师家访，实地了解家居环境、家居设施、康复辅具等配套情况，与家长共同订立家庭生活流程，并提出家居环境支持、开展生活流程的改造方案。	2.家庭康复指导记录方案。
	3.家长用视频拍下儿童的家庭生活流程反馈给治疗师或老师，治疗师或者老师再提出改进或完善的答复和建议。	
	4.组织家长通过微信群、QQ群等方式进行沟通交流家庭康复的做法和心得（视频或文字）。	

二、转介措施及追踪服务

每年 7 月份,有部分孩子到了学龄阶段毕业离开中心,那这些脑瘫孩子何去何从呢?是到普通的教育机构、特殊教育康复机构还是社区康复机构呢?中心会给予一些帮助,把这些孩子能顺利安置好。对于这些毕业生,中心的做法会有如下几点:

1. 每年 5 月份定期召开毕业生家长会,播放孩子在中心的成长历程,让家长温故,还向家长详细介绍他们的孩子功能恢复、融入社会的重大意义。根据每个孩子的综合评估依据(综合评估意见见附件一)向家长建议可以选择的机构,如:普通小学、幼儿园、特殊学校等,对于家长的选择,我们充分给予肯定与尊重,有计划地去帮助他们完善转介安置程序,并建立定期的电话后续跟踪问卷制度(脑瘫儿童后续教育跟踪表见附件二),工作上做到耐心细致,令毕业生家长满意度达到 100%。

图 2.7.1 中心主任在毕业生家长会上向家长介绍毕业后的出路

2. 邀请在普通学校随班就读的学生分享他们在学校的生活、学习的经历与体验,让家长们知道残疾的孩子在学校读书不是他们所想象的那么困难,要学会正视与面对孩子的实际情况,更要不断地鼓励孩子将成为一名小学生做好充分的准备。

图 2.7.2 旧生分享会

3. 组织家长参观学校（普通、特殊）。学校可能对脑瘫的孩子来说是一个很陌生又很向往的地方，为了让孩子对学校有一个初步的认识和概念，让他们知道学校以后有可能是自己学习的地方，会有很多给予自己帮助的大哥哥大姐姐，但更主要是让孩子明白：最终还是需要自己克服困难和障碍，让自己成为一名爱学习、爱生活并有朝气的小学生。

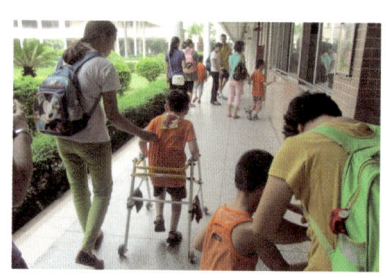

图 2.7.3 及 2.7.4
准毕业生参观普通小学

三、施行方法

	施行方法	预备工作
转介与追踪服务	1.组织毕业生家长会,介绍本地区的特殊学校、普校的招生政策,介绍镇街残联康复教育就业中心的服务等。	订立家长会活动流程与内容。
	2.组织家长与孩子一起参观特殊学校与普通小学。	订立参观方案。
	3.指导家长做好幼小衔接工作,指导家长协助孩子适应学校生活的策略。	
	4.通过电话、微信、QQ、家访等形式跟踪孩子的发展。	

附件一：

东莞市残疾人康复中心脑瘫部毕业生综合评估意见（范例）

儿童姓名：XXX　　性别：女　　年龄：8岁

出生日期：2006年4月6日

诊断：痉挛型小儿脑瘫双下肢瘫（中度）

户籍所在地：XX区　　　　家庭地址：东莞市XXX

联系电话：189XXX　　　　联系人：家长XXX

XXX是个聪明有主见的小女孩，上课比较认真，能大胆发言，积极参与各项活动，对所教的内容能较好地掌握，在沟通、认知方面也有了不同的进步，尤其书前方面，能握铅笔写字了，而且，她的理解能力和记忆力非常好，逻辑思维能力较强，家长可以再多加以培养，充分发挥她的特长。体能方面也有进步，能徒手上楼梯，步行的稳定性也高了，不过，要时刻提醒自己保持正确的步态，希望家长与阿姨坚持配合。在家可多阅读带有拼音的图书，加强认读方面的能力，建立认识拼音的概念。现对她这段时间的学习报告如下：

体能

该儿童在课堂及生活流程上配合较好，生活自理能力提高，各姿势转换能力如下：能经常独立完成凳上活动，能经常完成凳至地面之间的相互转换，可经常独立完成由坐位至立位转换，可由站立位至蹲位，并可经常双手按地保持蹲位，完成蹲位至立位；可独立保持站立位，可在室内随意步行，重心转向右侧不够充分，步行时速度控制不理想，需重复多次提醒；可在看护下走上5cm高凹凸垫，并在凹凸垫上独立行走；触体提示下可两步一级上下生活楼梯。儿童性格较要强、急躁，情绪控制不是很好，希望儿童在家里能够得到持续的康教学习，多提醒她自我检视并纠正异常姿势，注重培养独立性格，巩固康教效果。

手部精细运动

XXX小朋友在手部课堂表现较好，能达到设定的教学目标，该儿童有很强的课堂积极性。上肢功能尚可，基本能完成大部分的手部活动，但由于儿童存在左右差，右手的灵活性及双手的协调性则稍差。现可在口头提示下用剪刀剪10厘米左右的直线，但稍复杂的如图形等则不能完成。写前方面：能用铅笔在普通的田字格内书写所学的笔顺和简单的中文字，书写速度较快，但书写质量有时稍差，家长可引导她在书写之后自己检查作业，不好的予以改正，以培养儿童良好的书写习惯。她现能经常独自保持较好的书写姿势进行书写。

生活自理

XXX目前基本能做到大部分的生活自理：现能独立完成进食整餐，能自行完成进饮。认识食具的名称、用途及使用食具的方法。如厕方面：能在看护下自己步行至厕所，能独立完成如厕前后的脱、拉裤子，并扶着扶手上落马桶完成如厕。梳洗方面：能独立完成洗手、用毛巾擦手及刷牙、洗脸等梳洗活动，基本知道各项梳洗动作的正确步骤，但拧毛巾的质量及刷牙的正确方法仍需进一步加强。在更衣方面，现能独立完成穿脱套头衣服、外套，穿脱裤子、鞋袜，能分辨衣物的部位及方向。希望家长能在她尚不足的地方给予指导，并在她遇到困难时，要求其自己想办法解决，以培养其解难能力。

语言沟通

XXX是个口齿伶俐的孩子，上进心和好胜心够强，沟通能力非常好，语言反应能力快，能大胆表达自己的想法和感受，能理解故事、儿歌情节，掌握了很多形容词和连词，能掌握所学的儿歌、诗歌，并能叙述和创编出新的儿歌。能主动跟老师及同伴讲述自己在家的情况和在学校的活动。在课堂中能积极回答问题，只是有时会好表现，出现打断老师话语的现象，希望能学会调节自己的情绪，以取得更大的进步。

认知学习

XXX的理解能力非常好，对感官认知（视觉、听觉及触觉方面）上都能做到认识并用语言表达出来。自我的认识较强，对数学、颜色、形状等方面掌握得比较好。对于物件概念和因果关系等方面的掌握都比较好。在课堂中能认真上课，积极回答老师的问题，能完成老师布置的家庭康复训练，对主题教学里的内容都能较好地掌握，能认读课堂中单字、词语，希望能多加练习，加强对句子的认读，建立学习拼音的概念。

社交活动

XXX的社交能力有了很大的提高，能独立参与认识课堂，乐意参加班级和部门的社会活动，在日常生活中能接受照顾者（阿姨、本班老师甚至是社工）的协助进行活动，并主动提出自己的需要。能主动跟同伴、老师、阿姨问好，对活动能保持一定的专注能力，对社会活动和游戏小组学习的兴趣很大，能与新朋友建立很友好的关系，而且还敢于跟客人打招呼，表达自己的需求，这学期也能与他人分享自己的快乐和食物了。

综合意见

经过3年多的引导式教育康复及训练，XXX的康复效果进步明显，达到预期的训练目标，小孩现已达适学年龄，建议进入普通学校随班就读，享受九年义务教育，学习科学文化知识。同时建议家长坚持让她进行家庭康复训练，提高各大肌能运动水平。同时坚持在日常生活中锻炼其独立和抗挫能力，充分提高生活自理和适应社会的能力。

老师：王XX

治疗师：钟XX、叶XX、纪XX

2014年5月

附件二：

东莞市残疾人康复中心脑瘫儿童后续教育跟踪表（范例）

姓　名	YYY	性　别	女	出生日期	2002.8.7
毕业机构	东莞市残疾人康复中心脑瘫部			毕业时间	2010年7月
转介普通小学名称	东莞市xx第二小学 二年级			入读日期	2010年9月
被访问人	家长yyy		联系电话		
访问地点	东莞市xx第二小学		访问方式	面谈（　）　电话（　） 家访（ √ ）	
康复程度	下肢肌张力高，能独步走路5米以内，姿势异常，容易摔跤，平时借助助行器行走，会主动跟别人沟通，上肢活动存在左右差，左手较右手好。				
上学方式	学校对她开了绿色通道，批准妈妈每天开摩托车送到课室门口，因为课室设在一楼，有时候妈妈早上来看一次上洗手间情况，学校还专门改造了一个坐厕让她上洗手间。				
作业情况	不能独立完成老师每天布置的作业，都是妈妈帮忙教写字，书写作业时间较慢，左手书写较好，右手差，一般都是用左手来完成作业，但作业很认真。				
上课表现	上课认真听讲，能举手回答老师的问题，但有时缺乏自信心，老师关心她，同学也喜欢她，跟同学相处得很好，早操和体育课的时候，她一般在课室自己写作业，有时也走出课室远远地看着同学上课，学习成绩一般，语文都在70分左右，数学在60分以下。				

续表

目前存在问题和困难	目前最大的困难就是孩子在家庭里面做的康复训练较少,家长有时工作忙,孩子总是忙着做作业,读书对她来说是最重要的,做完作业都在晚上10点钟了,所以康复训练时间很少,而且是很草率地完成。
教师、同学提供的帮助	老师在安排坐位上能照顾孩子,尽量安排中间位置,前后位置很宽,有足够的空间让孩子移动,同学们对孩子都很好,有时候帮她抄作业,跟她一起玩游戏,也等她妈妈接了她后,同学才放学,孩子很喜欢学校。
看法与建议	家长就担心孩子长大后的康复问题,经常想到女儿一天一天长大了,以后不会走路,受人家歧视,家长会觉得很心疼,希望残联的康复医院和实验学校快点建好,好让女儿去康复与读书。

第三章
心理支持篇

【编者按：脑瘫儿童在家庭中造成压力，通常源于家长缺乏资讯，对于孩子的未来及家庭如何处理残疾孩子的医疗和生活所需感到无助，从而产生心理压力。向家长提供有关国家照顾残疾儿童的政策及社会支援是缓解家长心理压力的第一步。哈尔滨市残联脑瘫康复中心提供一个向家长解释这方面讯息的范例。每天承担照顾脑瘫儿童的训练与生活也是构成家长特别是主要照顾者身心方面的压力，过劳或缺乏耐力来面对这些负荷的现象，不单是影响家长坚持协助孩子训练的心情，更是影响亲子关系，甚至造成家庭成员之间的矛盾关系。因此，家长喘息日及户外与文娱活动等是照顾家长心理压力的一些策略，同时通过这些活动，也增强了儿童的见闻与亲子关系。诚然，家长心理最大的支持是儿童在各方面进步，从体能、生活独立、认知、沟通、社交以致融入社会。因此，细心计划并安排这些活动，一方面提供家长的心理疏导，另一方面展示儿童的特长，可收到事半功倍的效果。东莞市残疾人康复中心提供了这方面的例子。家长互相的支持及经验交流也是给予家长动力和心理舒缓很有效的方法。广东省残疾人康复中心与社工机构诠爱中心合作举行家长交流会，从策划、执行与反馈，都作了细心安排，资料节录在此篇的结尾，供同业参考。】

第一节 家长社会支持

哈尔滨市残联脑瘫儿童康复中心提供

家长社会支持主要由残联机构、康复机构、教育机构、社会志愿者团体共同完成,各职能机构工作既有侧重又要相互配合,共同为脑瘫儿童及家长服务。

一、残联机构职能

残联是经国务院批准和国家法律确认的将残疾人自身代表组织、社会福利团体和事业管理机构融为一体的残疾人事业团体,具有"代表、服务、管理"职能。

1. 代表:代表残疾人共同利益,维护残疾人合法权益;如家长对康复机构或其他机构的服务不满意,可直接向残联反映,维护自身权益。

2. 服务:开展各项业务和活动,直接为残疾人服务;通过专项拨款为儿童提供康复服务;通过发放康复设备、生活用品、学习用品等,解决儿童及家长的生活困难;为适龄儿童提供教育帮助,为残疾人提供工作技能培训和就业机会;组织多种活动等。

3. 管理:承担政府委托的部分行政职能,发展和管理残疾人事业。

二、康复机构职能

1. 康复机构主要对儿童进行包括肌能、功能、认知、沟通、社交及日常自理能力等方面的评估、制订治疗计划、进行康复训练、康复追踪、对家长进行培训、心理支持等。同时还要负责对家长进行脑瘫相关内容的培训、定期家访、发放康复书籍等。

2. 负责家长与其他职能机构的联系与沟通，将家长的需求、要求及时反馈到相关职能机构以寻求解决，同时也要把各职能机构对家长的支持、服务等及时告知家长。

3. 配合残联进行康复宣传活动等。

三、志愿者团体

志愿者是指志愿贡献个人的时间及精力，在不为任何物质报酬的情况下，为改善社会服务、促进社会进步而提供服务的人和团体。一般包括学生志愿者、社会团体组织、个人爱心人士。

对于脑瘫儿童来说志愿者主要进行的服务有：定期到机构看望、慰问儿童，"爱心帮教"（辅助儿童训练、学习辅导）；到儿童家中辅导学习、帮助家长看护儿童；组织儿童及家长外出活动，亲近自然、融入社会、普及科普知识，捐赠物品帮助家长解决生活困难；对家长进行心理疏导。

当家长遇到困难时可向所在康复机构提出申请，康复机构根据家长的困难类型，反馈给主要负责的职能机构。相关职能机构针对家长的困难给予解决的办法；同时还会通过康复机构追踪、了解家长困难的解决情况。例如：适龄儿童上学问题。家长向康复机构提出申请，康复机构将儿童的基本情况及申请报送残联，残联根据儿童的户口所在地（或康复机构所在地），联系当地的教育机构，当地教育机构根据儿童的年龄及认知水平为儿童选择适合的班级，再根据孩子的自理能力决定是否要家人陪护等。康复机构定期随访，了解儿童的在校学习及身体情况,给出建议;如儿童学习遇到困难则会联系志愿者团体进行帮教服务。

随着国家、社会对脑瘫儿童及其家长的关注逐渐增多,脑瘫儿童将会享受更多的温暖。

第二节 文化娱乐活动

东莞市残疾人康复中心提供

一、引言

引导式教育元素之一是强调家长参与,不仅每天参与孩子的学习、生活,还定期参与中心举办的一些文化娱乐活动,在愉快、轻松的环境里,家长跟孩子、老师建立友好的互动关系,让身心得到愉快、舒畅,精神压力得到舒缓与放松,展示家长、孩子、工作人员的合作精神与魅力。让我们看看家长、孩子们在中心的一些娱乐活动吧!(活动方案见附件一、二)

图3.2.1 组织孩子、家长去郊外参观动物园,让孩子认识春天、感受春天

图3.2.2 组织孩子、家长、老师郊外踏青、野餐,每个家长自带拿手好菜,展示家长厨艺的机会来了,看大家吃得多开心

图 3.2.3 六一儿童节家长的才艺表演——缤纷时装秀,展示了家长的创意、魅力、自信,让我们一睹家长们的魅力风采

图 3.2.4 一群老奶奶也献上一首老革命歌曲,展示自己的才艺和文化,老奶奶,好样的

图 3.2.5 组织家长、孩子参与麦鲁小城亲子职业体验游戏活动,大家伙儿又是快乐的一天

图 3.2.6 孩子、家长看动物表演,开心得大声喊,高声叫,主动拍起双手,开心的样子真好看

二、附件一

2014年脑瘫部春游计划
东莞市残疾人康复中心提供

1. 春游时间：2014 年 4 月 18 日（星期五）。

2. 地点：东莞松山湖。

3. 出发时间：早上 08：40。

4. 人员：总共 102 人，其中脑瘫小孩 40 人，家长 40 人，工作人员 22 人。

5. 交通安排：两部大巴车：小一、小二、中一班坐 1 号车，中二、大班、治疗师坐 2 号车。

6. 保育员负责准备辅助器具：40 张圆凳（孩子坐）。

7. 活动安排：

（1）9：30 到达植物园平台后（旗杆下），各班老师及治疗师组织好孩子在指定场地集合，其中徐芬兰、纪海涛协助大一班；周建军、陈俊鸿协助中一班；黄创新、袁健裕协助中二班；胡典涛协助小一班；何春花协助小二班。

（2）09：50～10：50 儿童游戏及表演活动，王聆芝、魏敏虹负责组织及准备相关用具。

（3）11：00～12：00 自由活动。

（4）12：00～13：00 以班为单位组织家长与孩子进行野餐活动。

（5）13：00 集合返回中心午睡。

8. 前期工作及注意事项：

（1）各班班主任做好春游宣传及准备工作。

（2）班主任做好儿童出游及野餐的汗巾、衣物、餐布、废报纸、纸巾等用品。

（3）各班老师在春游前有目的地对孩子进行相关的安全教育，活动前将儿童的安全责任人落实到位。

（4）徐芬兰医生准备药物箱。

三、附件二

脑瘫部第八期"我加油，我努力，我比拼"
体能大比拼及家长才艺活动方案
东莞市残疾人康复中心提供

1. 活动主题：我是小小建筑师。

2. 活动目的：

（1）提高小朋友主动参与活动的积极性。

（2）加强小朋友爬、坐、站、步行以及手部精细活动的能力，提高小朋友的协调、平衡能力。

（3）加强小朋友的竞争意识和合作精神。

（4）提高部门整个贯通式专业团队的凝聚力和合作能力。

（5）通过比拼这个平台，展示家长的魅力，让家长的精神压力得到更好地舒缓。

3. 活动时间：2014年11月14日，下午2:30～4:30。

4. 活动地点：二楼PT室。

5. 参加人员：脑瘫部所有班级儿童及家长、工作人员。

6. 前期准备：

(1) 通知儿童、家长、工作人员，本周各班要求家长带一个以上的瓶罐交给班级。

(2) 将教具和家具整理好搬至二楼大运动室，准备一套音响设备。

(3) 摆放及准备好马凳、方凳、梯背架、地垫、条台、摇摇车、书包、绳子、瓶罐等比赛用具。

(4) 填写奖状。

7. 活动流程：

(1) 14：30 吃完午餐；家长带儿童到PT室集合完毕，活动开始，讲解活动比赛方式及分组等事宜。

(2) 14：40~16：00 分组比拼及家长才艺比拼活动开始

①高能力组儿童体能大比拼"我是超级建筑师"；

②小一班家长才艺表演：经典革命歌曲串烧、太极扇；

③中能力组儿童体能比拼"我是小小建筑师"；

④大一、小小班家长才艺表演：劲歌热舞；

⑤大二班家长：好玩三句半；

⑥低能力组比拼"看谁盖得高"；

⑦中一、中二家长才艺表演：优美广场舞——桃花朵朵开；

⑧老师客串表演：汪浩、关霞珊合唱；

⑨大大班家长才艺表演：快乐呼啦圈。

(3) 16：00～16：30 颁奖，评出第一名、第二名。

(4) 16：30 活动结束，工作人员清理场地。

8. 家具和教具准备：

（1）扩音器、医药箱、水、口哨、积木、小书包、滑板、摇摇车、毛巾（小朋友自备）、小旗子2面（用于比赛时到达终点的小朋友举高旗子，表示完成比赛项目）。

（2）垫子、梯背架、方凳、条台。

9.人手安排：

（1）总策划及协调：何宝莺、大班组治疗师及老师。

（2）主持：陈晓杰、袁健裕。

（3）摄影：何宝莺。

（4）音乐准备：魏敏虹。

（5）计时裁判（记录）：社工（送报给陈润冰写奖状）主要计时和判定胜负组别，督促小朋友和大人有否违反游戏规则、维持队伍纪律、幼儿完成项目举旗子示意。

（6）游戏召集：各班班主任及保育员。

（7）安全保护及游戏用具准备及摆放：

高能力组：邓丽芬、李海棠、龚隽婷、钟少卿、叶晓文（负责）

中能力组：黄创新、周楚、纪海涛（负责）

低能力组：周建军、周洁、陈俊鸿（负责）

10.奖励方式：奖状（第一名、第二名）+食物或玩具。

11.注意事项：在比拼过程中，要注意安全，避免发生碰伤。

12.附：各能力组比拼项目

（1）高能力组——"我是超级建筑师"

开车	用辅具步行	扶绳步行	跨越障碍物
谦（邓丽芬）	珊	欣	镇
晴（李海棠）	桐	铭	琪
健（龚隽婷）	生	锋	悠
希（钟少卿）	杰	豪	辰

①开车:儿童背着装有"砖块"的书包从起点开车至指定位置,然后将书包传给治疗师;

②治疗师再开车回到起点给下一个儿童;

③用辅具步行:儿童接过书包后用辅具步行至指定位置,将书包传给下一个儿童;

④扶绳步行:儿童接过书包后,独自扶着绳子步行至指定位置,然后将书包传给下一个儿童;

⑤跨越障碍物:儿童接过书包后,独自跨障碍物步行至指定位置,然后盖高楼。

⑥以快的那组取胜。

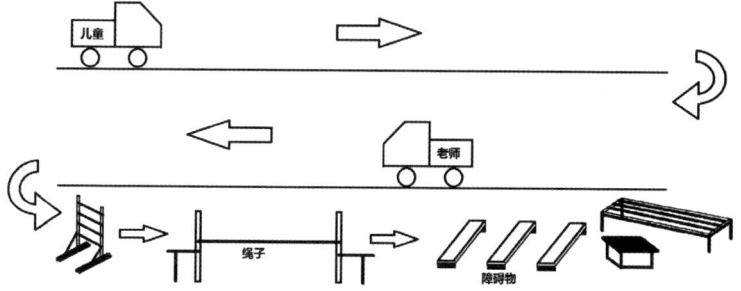

(2)中能力组——"我是小小建筑师"

坐马凳	推梯背架	跳圈(治疗师)	盖高楼
汶	俊	周建军	笙(叶丽娟)
瑶	诚	周楚	琦(钟少卿)
枢	鑫	纪海涛	岚(叶楚玮)
音	琪	黄创新	徐(汪浩)
玥	源	周洁	勋(李海棠)
盈	月	陈浚鸿	轩(邓丽芬)

①坐马凳：儿童背着装有"砖块"的书包从马凳一头滑至另一头，将书包传给下一个儿童；

②推梯背架：儿童接过书包后推梯背架至指定位置，将书包传给治疗师；

③治疗师把"砖块"拿出来单脚跳过圈至"工地"给盖高楼的小朋友；

④盖高楼：儿童接过"砖块"盖高楼。

以快的那组取胜。

（3）低能力组——"看谁盖得高"

A组：润、研、埙、添、诺

B组：乐、琪、朗、安、雅

C组：沛、皓、昊、鑫、晖、成

儿童坐大人的腿上打开双手双脚"开飞机"到终点盖高楼，在一分钟内完成，谁盖的高楼高谁就是胜利者。

第三节 家长互助

广东省残疾人康复中心提供

一、脑瘫部家庭康复经验交流会活动计划书

活动名称：脑瘫儿童家庭交流会　　活动时间：2016.6.17
活动负责人：邓静文
活动地点：☑室内　草莓班课室　　□室外＿＿＿＿＿＿
交通安排：☑不需要　□需要（请注明方式及路线）＿＿＿＿＿
活动目标：让脑瘫儿童家长吸取同路人的成功经验，用更有效的方式陪同孩子康复成长。
计划招募人数：脑瘫部家长22人

活动内容大纲：

1. 联系2个优秀康复家庭进行分享，时间预约在周五艺术课，时间为1小时，10:00～11:00。
2. 9:30草莓班下课，安排志愿者进场布置场地。
3. 安排志愿者进班和老师一起看护小孩，让家长空闲出来参加分享会。
4. 接待家长：君君家长、晶晶家长，并发放课酬，还有茶点。
5. 10:00正式开始分享会，首先请君君家长分享，然后是晶晶家长分享。
6. 家长互动环节，家长相互交流。
7. 结束会议。

事前准备：

1. 分享家长课酬、茶点。
2. 提示其他家长准备好提问内容，并汇总小提纲。
3. 制作小海报，家长报名。
4. 通知志愿者，需要大量人员。

活动所需物资（名称/数量）及对应支出费用共计：700元		
物资名称	数量	支出
家长课酬	2	600
茶点	1	100

活动预期困难：	解决方法：
☐天气变恶劣　☑类别多，能力参差 ☐场地太小/太大　☐参与活动动机偏低 ☐道具的限制　☐参与者能力较弱 ☐工作人员的协调　☐儿童情绪行为 ☑志愿者手法生疏或不当处理 ☐其他	☐后备方案（附件） ☑增派人手，分门别类 ☐事先踩点 ☐鼓励赞赏，循序渐进 ☐灵活运用道具 ☐重复练习，多提示 ☐事先分工及沟通 ☐事先了解，及时介入 ☑事前培训，及时介入或从旁引导 ☐其他

督导社工意见/评语：

　　备注：此表格适用于非常规儿童兴趣活动、周末喘息服务、暑期活动、家长活动、亲子活动等。

二、宣传单

脑瘫部家庭康复经验交流会

我的孩子康复情况未如理想？他毕业后去向如何？我怎样做才能让小孩进步大点？想让具有成功经验的家长与您分享他的心得吗？本周五家长交流会，与您共同探讨！

时间：6月17日（星期五）早上10：00

地点：草莓班课室

分享嘉宾：晶晶家长

君君家长

三、交流会记录

本次交流会分别邀请了君君和晶晶两位家长进行分享。两位都是百忙之中抽空来到诠爱，特别是晶晶的家长，他是刚上完夜班就马上赶来，目的就是为了将自己的心得体会分享给同路人，鼓励他们积极地面对生活，积极地进行康复训练。

上午十点整，交流会正式开始，首先分享的是君君的妈妈。她简单地介绍了自己的小孩君君的情况：一岁多才发现孩子出现异常，经医生检查发现脑部异常，最终确诊属于脑瘫，面对如此噩耗，她和家人选择积极地面对，努力为孩子寻求最有效的康复方式。孩子在康复过程中经历种种的痛苦与磨炼，包括连成人都无法忍受的头部针灸，尝试了无数针剂药物，现在已经懂得与人沟通交流，会走一小段路。君君家长带给大家最大的收获就是一颗积极乐观的心态，她用最朴实、感人的语言打动在场家长的心，并用自身经验告诉家长们，不要用正常孩子的标准衡量自己的孩子，这样的"比较"肯定会痛苦的，正常的小孩也不一定一路顺风地成长，所以要放下"比较"，积极乐观地生活。

晶晶的爸爸，他从父亲的角度讲述自己如何陪伴女儿康复成长。他是一位技工，需要上早晚班，他为了能够帮女儿做康复训练，每天都安排自己晚班，早上就和女儿来学校做康复，辛苦的程度可想而知。女儿在不断努力之下，现在正上康复学校的小学。这位父亲语言朴实，讲述着生活中的点滴。还分享了女儿目前就读学校的情况，例如该学校的收生情况、入读条件、学校环境等。由于晶晶就读的是一家广州市公立特殊学校，该学校也是许多小朋友离开康复中心后的去向所在，所以家长特别关心，家长之间的互动非常热烈，在各自的交流当中，大家都收获满满。同时这位父亲也鼓励各位家长，小孩是自己的亲生骨肉，既然来到这个世界上，就要让孩子过好每一天。

本次交流会，两位家长都将自己的经验心得分享给大家，没有华丽的语言，但包含着真挚的感情和积极的心态，将自己怎样陪伴孩子做康复的道路一一呈现，家长们都收获不少。正因为大家都有着相同的经历，所以现场的家长都被感动得流下眼泪，有些更泣不成声。然而最让人鼓舞的是，这两位家长都有一颗积极乐观的心，他们不断地鼓励着大家要积极面对生活，爱护好自己的孩子，使在场每位家长都获得满满的正能量。

图 3.3.1 君君妈妈分享

图 3.3.2 晶晶爸爸分享

图 3.3.3 脑瘫部部长简介

四、交流会总结

主题名称	康复经验交流会	举办时间		2016.6.17	
举办地点	脑瘫部草莓班	主要负责人	邓静文	协助同工	
参加人员	家长（22人）			志愿者（9人）	
出席人数	脑瘫部共31人				
过程摘要	1. 9:30草莓班下课，安排志愿者进场布置场地。 2. 安排志愿者进班和老师一起看护小孩，让家长空闲出来参加分享会。 3. 接待家长包括李家君家长、龚智晶家长，并发放课酬，还有茶点。 4. 10:00正式开始分享会，首先请李家君家长分享，然后是龚智晶家长分享。 5. 家长互动环节，家长相互交流。 6. 结束会议。				

小结	工作完成度：	□完全达到 ☑部分达到 □未能达到 □其他
	服务对象表现：	☑非常投入 □一般投入 □不投入 □其他
	分析与检讨 **1.做得好的地方** （1）事前通过短信、海报、老师的口头宣传让家长知道举行家长交流会，所以到点的时候家长都能够参加。 （2）虽然会议室没能租借，只能借用草莓班的课室，由于课室地方小，更能促进家长们的沟通交流，有一种亲密感。 （3）两位家长思想正面，行为积极，而且懂得跟别人分享，语言朴实，很能跟其他家长产生共鸣，而且能够带来一点孩子将来毕业去向的信息，给家长带来很大的帮助。 （4）有些小孩比较黏人，所以家长直接带着小朋友参加交流会，小孩在现场也没有哭闹，很安静，所以没有影响交流会的进展。 **2.需要改进的地方** （1）由于临近考试，能招的志愿者很少，本次活动只有9个志愿者，而且还有5个是暨南大学临时参加的学生，平常合作的志愿者只有4个。因志愿者太少，不能上艺术课，只能改为小朋友各自在班，由老师和志愿者一起看护，家长到草莓班交流，有些小孩比较小，家长不能离开，就只能留在课室带小孩，或者直接带着小孩参加交流会。 （2）临近学期末，活动室跟会议室都被租用，所以只能在课室开展交流会，下次要提前安排好地点。	
	参加者意见（活动满意度90%）	
督导社工意见/评语		

备注：此表格适用于兴趣活动、周末喘息、家长活动、亲子活动及工作坊、讲座等。

第四章
共享篇

【长江新里程计划脑瘫引导式教育项目的影响力,不仅在项目范围内的单位,更辐射至其他民办机构。以下是三间非营利民办机构在引导式教育的影响下作出很值得参考的家长工作。广西云彩社会工作服务中心的夫妻营重建夫妻关系,为孩子建立爱的家;香港房角石协会的家长班促进小组内家长的凝聚力,家长互相支援之外更能配合引导式教育专业团队的工作;厦门市湖里区小蜗牛身心障碍者家庭支持中心的爱心同乐日更体验了助人自助的精神,一批脑瘫儿童家长从引导式教育成长起来,更成为别的家长的同路人,激励他们,也成为自己与别的脑瘫儿童融入社会的倡导者。】

第一节 广西云彩社会工作服务中心——夫妻营

一、广西云彩社会工作服务中心简介

广西云彩社会工作服务中心（简称云彩中心）在民政厅注册的慈善组织，为困境中人群免费提供专业社工、康复与教育服务的慈善机构，透过生命影响生命，使困境中人群，如残障人士、孤儿可以获得自我能力提升的机会，重拾尊严和信心，更好地融入社会。目前开展的项目主要有：残障儿童康复及教育支持、残障儿童社会融合、残障儿童家庭支持、紧急医疗援助、残障人士就业及培训、山区学校社工及社区社工服务等。

针对残障儿童康复及教育支持、残障儿童社会融合及残障儿童家庭支持，于 2011 年开始，根据引导式教育的理念与元素施行。成立之初，专业团队亲自到东莞市残疾人康复中心、广东省残疾人康复中心观摩学习，也多次得到长江新里程计划脑瘫引导式教育项目的帮助，有机会参加基础和专题培训。经过 7 年服务脑瘫儿童与其家庭，云彩社会工作服务中心已经建立了 4 个学龄前和 6 个小学引导式教育班，为广西贫穷地区的脑瘫孩子免费提供康复教育。家长工作更是云彩的工作重点。特殊儿童容易成为夫妻关系破裂的导火线，云彩中心的专业团队一直在探索不同的方法来促进家庭和谐的关系。2013 年首次举办夫妻营至今已经举办了六次，这崭新的方法是云彩多年服务农村贫穷脑瘫儿童家庭而研究得来。夫妻营让特殊儿童父母重新学习沟通，重温爱情，愿意同甘共苦，为孩子合力重建有爱的家庭。好几个家庭借此修补了关系。

二、云彩夫妻营理念

夫妻关系是维系一个家庭稳定的重要因素。云彩中心大部分的孩子由妈妈来照顾,爸爸则是家中唯一的经济依靠,双方都存在较大的心理压力,需要及时的宣泄和增进他们的情感交流。然而,双方各忙各的,缺乏娱乐和放松的时间,更甚少有一起外出的机会。另一方面,由于妈妈长期带孩子,而爸爸照顾孩子的时间较少,甚至有的爸爸对孩子不问不顾,导致妈妈失去了来自家庭最有力地支持,缺乏家庭支持,将影响孩子的持续康复训练。

见及这种种的情况,云彩中心的社工与老师探索出举办夫妻营的概念:

1. 夫妻从忙碌的工作、康复训练、照顾孩子中腾出一段时间,让生活有个喘息,在活动中享受甜蜜时光。

2. 通过各种夫妻活动、夫妻课堂,促进夫妻相互表达和沟通,学习如何正确沟通,相互理解。

3. 通过夫妻互动,学习彼此欣赏、称赞、肯定,增进夫妻感情交流,建立更稳固的夫妻关系。

云彩中心通过夫妻营帮助每对夫妻借着正向的改变,带来相互关系的良性循环,让夫妻学会"看见"对方,在关系中互相支持,彼此成长!

三、云彩夫妻营设计特色

1. 深入浅出:课程区别于说教式的方式,采取视频教学,角色扮演,自我分析,群体动力,体验式互动学习等进行教学,将最核心的内容带给家长,通俗易懂。

2.课上课后一体化：3天的课程包括多种体验式的学习，课后建立微群，大家通过分享互动巩固学习，也起到同质性的支持，课后持续开展学习小组活动，将内容深化。

四、云彩夫妻营内容设计

云彩夫妻营的内容重点：

1. 表达爱，感受爱。

2. 理解差异，处理冲突，修复关系。

3. 调节情绪。

4. 学习倾听与诚恳的交谈。

5. "看见"彼此，得到疗愈。

按照以上重点，三天夫妻营的内容循序渐进，具体课程会根据参与夫妻的情况有所调整。

（1）爱我，懂你之夫妻课堂，主要内容：

①两性差异。

②爱的存款与提款。

③感觉没对错。

④男人要尊重女人要爱。

⑤原生家庭。

⑥有效的沟通。

⑦心灵互诉，给爱一个出口。

⑧为爱付出，互相服侍等。

（2）夫妻拓展：

有你有我有爱之夫妻拓展：以夫妻参与为主的拓展活动。

（3）浪漫时刻："看见"彼此之浪漫时刻，主要内容：

①再一次说我愿意——宣誓。

②留下最美的你——礼服秀。

③共度最美的时光——烛光晚餐、舞会。

（4）孩子课堂

★手工、表演等，在闭营礼上给父母爱的鼓励和见证，进一步促进家庭及夫妻关系。

五、云彩夫妻营实录

"你说会陪我走过春夏秋冬，疼我，引导我，保护我……"这首歌是云彩中心2017年7月15日至17日"甘苦与共我乐意"夫妻营活动的主题曲，它陪伴24对夫妻度过了三天两夜，扫除了他们之间的问题，温暖了他们的心灵，促进夫妻感情，巩固了在云彩做康复的每个孩子的坚强后盾。

1. 夫妻课堂

参加本次活动的夫妻，有的是参加过夫妻营，有的是首次参加，有的是自由婚姻，有的是媒妁婚姻，有的已经有15年的婚龄，有的才几年。为此，云彩中心有针对性地为这些家庭设计了不一样的夫妻课堂。课堂上学习了"女人要爱，男人要尊重"、"爱的存款"以及"爱的五种语言"等内容，并付诸行动。

图 4.1.1 夫妻齐来同心学习——第一天夫妻课堂

图 4.1.2 夫妻课堂——心灵互诉

第四章 共享篇 · 133

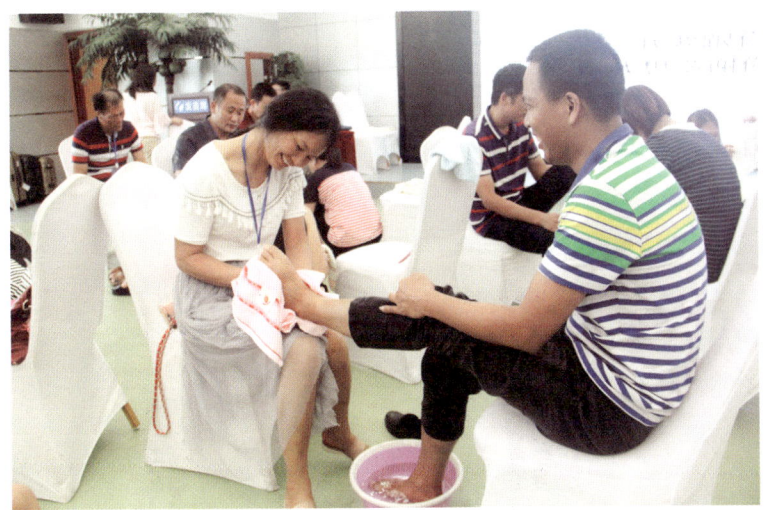

图 4.1.3 夫妻课堂——互相体谅

图 4.1.4 夫妻课堂——小组分享

2. 夫妻拓展

我们利用夫妻营酒店旁的海滩，进行夫妻拓展活动——充满挑战却是让夫妻难忘，从游戏中体验互相服侍、互相配搭。

图 4.1.5 夫妻合作沙滩竞技

3. 浪漫时刻

夫妻重温爱情，看见对方的美丽。我们为女的化妆，穿上丈夫从来未看过的漂亮衣服，男的也给他们打扮俊美。夫妻俩重拍结婚照，我们再为他们摆上浪漫的烛光晚餐，让夫妻俩重说誓言，重温温馨时光。

图 4.1.6 妈妈们再显美丽年华

图 4.1.7 夫妻如浴新婚时的喜乐

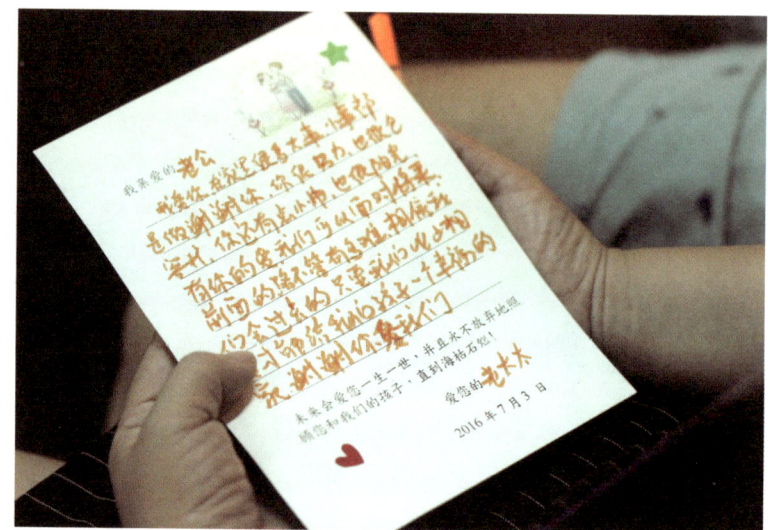

图 4.1.8 夫妻甘苦与共的誓言

图 4.1.9 烛光晚餐

4. 爱的回归

　　从夫妻营结束后，云彩中心的家长们纷纷分享了参与活动后的感受，互相提醒爱情存款。妈妈们更是幸福溢于言表："十年的时间都没这几天存的'款'多，真的很感恩，也很开心""回来之后，老公什么都抢着做，这是之前没有的""带孩子做康复这么多年，爸爸从来不过问孩子的情况，也没有接送过，现在，不仅接送孩子，还到学校里看孩子做康复，给我们送饭菜。"

　　"原来我们不是一个家庭在战斗，还有那么多家庭一起""我们会对家庭负责，不会抛弃，不会放弃""夫君家中顶梁柱，妻子衣食儿女师，一个都不能缺，存款起来吧，恩爱起来吧"。几位爸爸也把自己的体会分享给大家。

　　时间有限，但是爱情存款无期限，只要每一天都"存款"，生活就会越来越美好！在有爱的家庭里成长的孩子也会越来越好！

第二节 武汉市融乐助残服务中心——家长班

【背景资料：香港房角石协会义务提供专业支持湖北省发展脑瘫儿童引导式教育的发展，关注脑瘫儿童家庭的特殊需要，提供了设计和进行家长班的专业概念和实践策略。】

一、香港房角石协会简介

2014年香港房角石协会看到国内特殊儿童特别是脑瘫儿童的庞大需要，因而开展了特殊儿童康复项目，为脑瘫儿童服务。呼应长江新里程计划脑瘫儿童引导式教育项目的方向，房角石协会与湖北省残疾人康复中心合作，派驻引导式教育专家，义务协助该中心推行"引导式教育"，成效卓越。

经过4年的努力，香港房角石协会培养了湖北省残疾人康复中心的康复师与老师，也培养了一批跟着房角石协会工作的本地专业青年。他们对房角石协会为脑瘫儿童及其他残疾儿童的工作方针非常认同，也有同负一轭的使命感。2017年，房角石协会关注到国内7岁以上的脑瘫孩子入学难，也未有完整的支持系统帮助贫穷家庭的脑瘫孩子。这些孩子6岁离开省康复中心之后，就再无出路。因此，接受过香港房角石协会在武汉培训的专业人员在武汉市申办民办非盈利企业，名为"武汉市融乐助残公益服务中心"，秉承房角石协会扶助弱势群体的使命和服务方向，免费为7岁以上的脑瘫孩子和家庭服务，提升他们的能力、争取受教育及融入社会的权利。房角石协会特殊儿童康复项目专业人员将继续全力支持该中心的服务，盼望为更多脑瘫孩子带来希望。

房角石协会特别关注支持家庭，在湖北省残疾人康复中心的引导式教育系统下，设计了家长班。"武汉市融乐助残公益服务中心"行政主管也是社工专业的王彩云老师与康复中心的老师合作，推行家长班两年多，大受家长欢迎。"武汉市融乐助残公益服务中心"本着知识共享的精神，愿意与同业分享家长班的教案，也希望得到同业的指导，合力做好脑瘫儿童的服务。

二、家长班的理念与目的

家长参与是引导式教育中一个重要元素，引导式教育专业团队很盼望、也很需要家长成为合作伙伴。然而，在忙碌的一整天流程中，老师与家长只有零散的时间可以互相倾听及详细交谈，而且一位老师经常同时面对一组家长不同的诉求。因此，偶有发生家长与老师在引导孩子的过程中产生矛盾的问题。另一方面，大部分家长还离开老家，带着孩子住在出租房以便每天到康复中心接受训练，家长难免有孤独无援的感觉。在引导式教育小组学习的情境中，家长们必须互相合作，这有其正面效应。然而，家长来自不同背景，要成为互相合作、互相支援的群体也不会自然而然产生。反之，在每天陪伴孩子学习与生活中，家长之间偶而还会发生冲突。

引导式教育的家长班正是针对以上可能发生的情况，为家长提供心理疏导而设计的。家长班有以下目的：

1. 建立家长之间的凝聚力。
2. 建立家长之间及家长与老师之间的互信。
3. 增强家长的沟通能力。

4. 提升家长的正向思维。

5. 增加家长的生活趣味。

6. 增强家长引导孩子的能力。

家长班的形式是以活泼及启发性的游戏或活动带出当天需要家长学习的主题，避免单向的说教，着重讨论及提供空间给家长思考与自我发现个中道理，导师只是在最后做出总结。家长班曾经采用的活动计划有：

1. 集体及体验游戏。

2. 美食制作。

3. 手工创作。

4. 角色扮演。

5. 电影欣赏。

家长班的家长组合通常是以班级来编定的，偶尔按照学习主题会，几个班别组合或全体家长一起学习，每周进行一次。从以下四个教案范例，可以略窥计划大纲。

三、教案

齐心协力一家人

目标：

1. 增强家长的团队协作概念与能力，提高家长班凝聚力。

2. 增进家长们的沟通交流，促进彼此的了解与信赖，加强家长间的互助互通。

程序：

1."齐眉棍"游戏(10分钟)　（物资：报纸长棍）

（1）规则：

①参与者站成两列，且两队面对面；

②每个人将双手举起，与额头平齐，每只手只伸出一个食指；

③在两列之间放上细直棍，所有参与者用食指在下面托起直棍，然后缓慢下降，最终将直棍放在地上；

④其间，所有人的食指不能与直棍脱离，必须时刻紧贴，否则游戏失败，重头来。

（2）分享：选三四个家长分享。(3分钟)

Q:这个游戏带给你的最大感受是什么？（困难、成功要素等）

注：带出团队概念！（一分子、团结协作、心齐如棍……）

2."盲人方阵"游戏（22分钟）

（1）规则：

①先让所有队员戴上眼罩，工作人员牵引组员随意走动，打乱位置；

②给每组发一根绳子，每个人必须用手拉住；

③工作人员发号施令，将绳子围成一个正方形或正三角形等形状，并且所有队员必须平均分配到绳子的每一边上，限时20分钟。

（2）分享：

分两组分享(10分钟)（物资：长绳、口罩、纸巾、3张问题大白纸、Blu贴）

游戏中的困难	任务完成的要素	启发及生活应用
蒙眼障碍 人多嘈杂 无领导 个性不一 不听指挥 能力（执行力）差别	目标一致 良好沟通（倾听+表达） 有领导 信任 适时牺牲 贡献力量 彼此帮扶 不放弃	团队力量 （坚持、智慧） 良好沟通协作 （在家庭中、 在中心里）

3. 总结（物资：投影、电脑、PPT）

家长班是一个团队，是一个家，希望我们每个家人都有这样的意识！

4. 齐做"爱的鼓励"拍掌式，以口号"齐心协力一家人"结束！

四、教案：泰式西米糕美食制作

小组名称：泰式西米糕美食制作　节数：第 1 节 共 3 节；

负责人：王彩云

举办日期：2017.10.31

时间：15:40～16：30

地点：中心活动室

预计参加人数：家长 8 名、房角石同工 1 名、义工 1 名，共 10 人本节小组目的：

1. 让家长在泰式西米糕美食制作中愉悦身心、舒缓压力。

2. 让家长在美食制作过程中学习相互沟通及分工合作，增强彼此间的友谊。

内容及程序：

时间	目标	内容	所需物资
5分钟	吸引家长注意力与积极性，并了解本节家长班的内容。	1.展示西米糕图片。 2.简介西米糕。 3.简介义工。 4.分配材料。	1.西米糕图。 2.西米糕制作原材料。
40分钟	让家长在美食制作过程中学习相互沟通及分工合作，并透过小游戏放松身心、舒缓压力及增强彼此间的友谊。	1.分成3组，每组3人制作西米糕（报数方式）。 2.最初，小组中1人煮西米，1人搅拌淀粉，1人剪碎梨，之后协作制作。 3.煮西米等待的过程中玩2游戏：①"开火车"；②看尼克励志短视频。	尼克视频。
5分钟	让家长学会欣赏称赞同伴、学习分享成果。	1.总结今日内容，并鼓励家长称赞合作伙伴，无论制作成不成功。 2.鼓励家长将亲手制作的美食分享给班上老师或者其他班孩子和家长。	托盘。

五、教案：改善孩子专注力

小组名称：《改善孩子专注力之家长课堂》一

节数：第 1 节，共 2 节

负责人：王彩云

地点：中心活动室

芒果班举办日期：2017.11.30

时间：10:10～11：00

菠萝 + 樱桃 + 西瓜班举办日期：2017.12.5

时间：15:40～16：30

苹果 + 葡萄班举办日期：2017.12.14

时间：10:10～11：00

芒果班参加人数：家长 9 名，房角石同工 1 名，义工 1 名，共 11 人

菠樱西瓜班参加人数：家长 10 名，房角石同工 1 名，义工 1 名，共 12 人

苹果 + 葡萄班参加人数：家长 10 名，房角石同工 1 名，义工 1 名，共 12 人

本节小组活动目的：

1. 引起家长对孩子专注力足够的重视。

2. 让家长对孩子的专注力有理性的认识、理解孩子的专注力不足的问题。

内容及程序：

时间	目标	内容	所需物资
5分钟	让家长对专注力有初步的认识。(听觉专注力)	1. 玩"捉虫虫"游戏。 2. 让家长分享，捉到更多的虫虫，同时避免被捉到，需要什么？ （听觉+专注力）	1. 捉虫虫读文。 2. 白板。
10分钟	让家长知道专注力的概念，同时引起家长对自己孩子的专注力问题的重视。	1. 解释为什么这个月选择孩子专注力的主题。 2. 分成两组，讨论自己孩子专注力不足的表现。 3. 每组派一个代表说出自己组的讨论结果。 4. 工作人员对两组的讨论成果进行展示。 5. 用PPT进行概括补充。	1. 大白纸2张。 2. 马克笔2支。 3. Blue贴。 4. PPT。
10分钟	让家长对儿童专注力特点有较为全面的认识。	1. 注意力是什么？ 2. 介绍专注力的六大特性（举例说明）。 3. 引导家长用六大特性归纳来看孩子专注力不足的现象。 4. 不同年龄段的儿童专注力时长。 （ps:学龄时间的划分）	介绍纸条。

5分钟	进一步认识专注力，并调动家长的积极性。（视觉专注力）	1.分两组，玩"火眼金睛"游戏。 2.让家长分享，想要看到更多的人脸，需要什么？（视觉+专注力；从粗略看→专注看→再专注看……） 3.引导出专注力很重要，专注力好能帮助我们获得更多信息。	两张测试画纸。
15分钟	让家长思考及明白引起孩子专注力不足的原因。	1.先让家长自己讨论孩子专注力不足的原因，随机抽人回答（3分钟）。 2.用纸条详细解释专注力不足的原因（生理、外部条件、教育环境）。 3.着重针对家长教育方式这一原因，用PPT中的问题引起家长的反思（注：PPT中家长自查的每个问题都让家长分享自己的实际经验）。	1.介绍纸条。 2.PPT。
5分钟	梳理总结，加深家长对孩子专注力的认识。	1.对以上内容进行梳理总结。 2.布置作业：这个月，注意观察自己孩子做指定事情的专注力时长；留意一下当孩子专注力不足时，自己的态度和处理方式。	作业纸条。

小组名称：《改善孩子专注力之家长课堂》二

节数：第 2 节 共 2 节

负责人：王彩云

地点：中心活动室

芒果班举办日期：2018.1.4

时间：10:10～11：00

菠萝 + 樱桃 + 西瓜班举办日期：2018.1.9

时间：15:40～16：30

苹果 + 葡萄班举办日期：2018.1.18

时间：10:10～11：00

芒果班参加人数：家长 8 名，房角石同工 1 名

义工 1 名，共 10 人

菠萝 + 樱桃 + 西瓜班参加人数：家长 9 名，房角石同工 1 名

义工 1 名，共 11 人

苹果 + 葡萄班参加人数：家长 7 名，房角石同工 1 名

义工 2 名，共 10 人

本节小组活动目的：

1. 让家长知道注意力不足对孩子的影响，进一步引起对专注力问题的重视。

2. 让家长学习一些改善孩子专注力的方法，并改善自己的教育方式。

内容及程序：

时间	目标	内容	所需物资
10分钟	熟悉注意力的六大特性、不同年龄段的儿童专注力时长、孩子专注力不足的原因。	回顾上节内容：提问：上节作业，有没有观察出自己孩子集中注意力做一件指定事情的大概时长？这对于学习很重要）。	1. PPT照片。 2. 内容纸条。 3. 相机。
7分钟	让家长知道注意力不足对孩子的影响，进一步引起家长对自己孩子的专注力问题的重视。	1.先让家长自己讨论孩子专注力不足的影响，随机抽人回答（3分钟）。 2.工作人员用内容纸条进行概括补充。	内容纸条。
28分钟	让家长反思及改善自己的教育方式，并学习一些改善孩子专注力的方法。	1.看第一页PPT，提问：上节作业，有没有留心观察一下当孩子做训练注意力不集中、不配合时，自己的态度和处理方式？（3分钟） 2.做家长培养孩子注意力测试（5分钟）。 3.分两组讨论，你觉得有哪些方法可以提高孩子的专注力，在日常训练当中有没有实例？（5分钟） 4.每组派一个代表，进行展示（4分钟）。 5.工作人员用内容纸条进行概括补充（8分钟）（每一点要举例或者玩游戏进行说明）。 6.工作人员用PPT介绍一些改善孩子注意力的游戏（5分钟）。	1.大白纸2张。 2.马克笔2支。 3. Blue贴。 4.内容纸条。 5.PPT。

5分钟	梳理总结，让家长将改善专注力的方法落实到日常训练中。	对以上内容进行梳理总结；作业：在以上介绍的方法中选一两个在孩子身上测试，下次开家长会的时候可以分享是否有效，或者自己有什么新发现或探索。	

六、集体及体验游戏：信任团建游戏

1. 言行不一（5分钟）

游戏规则：

（1）所有参与者围成一个圆圈。

（2）第一位参与者问第二位参与者"你在干什么"，第二位参与者回答"我在吃饭"（参与者可以随意说出一个动作）的同时要做出与"吃饭"不同的动作，如跑步或是睡觉等，第三位参与者在第二位参与者回答"我在吃饭"这句话完毕之后要立即做出相应的动作。等两位参与者都同时做完动作，第二位参与者询问第三位参与者，第四位参与者进行动作配合。按照以上方式以顺时针或逆时针依次进行。

2. 信任跌倒（20分钟）

目的：

摒除隔膜，互相信任。（道具：眼罩）

具体操作：

认真解释游戏目的，培养气氛。

游戏规则：

（1）大家围圈站立，选一个人作为圈中间的人，戴上眼罩。（播放《小草》音乐）。工作人员引导中间人：当你听到《小草》这首歌的音乐响起的时候，请你两手拈花指，举向空中，随着音乐慢慢地舞动起来。请你想象一下，你是广袤大地上的一棵小草，你没有花香，没有树高，你默默无闻，无人知道，你就这样自由自在、无拘无束地生活在阳光下，摇摆在春风中。

（要求：必须跳柔舞，动作不能太多。千万不能笑出声，全场保持安静。）

（2）当音乐停的时候，请中间的学员站好，仔细地听我所讲的话，当我说请准备的时候，请你准备好，当我说开始的时候，你要大声地对你周围的人说："我准备好了，团队准备好了吗？"

（3）周围的人迅速肩膀贴肩膀，脸向圈内。各人前后脚站稳，双手向前，准备向前推的动作，一定要提高注意力，眼睛看着中间的这个人，对队友要负责。当做好一切准备时，就大声地告诉他："我们准备好了！"

（4）中间的人则大声告诉周围的人："我倒了！" 周围的人要大声地告诉他："倒吧！"说完中间人方可倒。

注意：

（1）中间的人倒的时候：身子一定要直直地向后倒；脚一定要并齐，不能挪动；

（2）周围人：周围的人一定要把注意力集中在你们小组中间的这个人身上，你要对你的伙伴负起责任。撑住他的时候，你可以把他轻轻地向左或右传递,用力一定要轻,不可用力猛推。当我说停的时候,请周围的人把他扶好站稳,然后才能放手。

注:过程中,组长在圈外轻声对"支持者"讲:"做得好!"亦要安慰中间那位:"不要怕,他们在支持你!"

①约1分钟转完,圈中人站定,睁开眼向每位支持者道谢。望3秒,点头,微笑。

②换另一个人站在中间,直至每个人都体会过被支持的感觉。

最后,大家坐下谈论感受,气氛变得认真和彼此信任。

3. 百变虫虫(20分钟)(道具:书包)

目的:

发挥团队的创意和协作的能力,团队中每个队员相互信任,才能达到我们所要的效果。

游戏规则:

(1)先分成两组,小组要创造出一条小虫,这条小虫要有5只脚在地上,1只手在上面挥舞,而且全体组员必须连接在一起成为一个整体。

(2)指导者给成员5分钟时间商量,然后开始比赛。比赛时小虫须从起始点爬到终点,以虫头到达目的地,拿到红旗为胜利。

(3)全体成员为一组,小组要创造出一条小虫,这条小虫要有9只脚在地上,3只手在上面挥舞,而且全体组员必须连接在一起成为一个整体。

(4)引导者可以用任何形式表示鼓励(话语、握手、拍肩膀)。

分享:

(1)优胜组获得小胜的原因是什么(策略、团队默契、对他人的信任等）。

（2）本组创作、思考的过程以及表现过程是怎么样的？

（3）你觉得最后大组能完成任务，最需要的元素是什么？

4. 总结引导

（1）强调家长之间的彼此信任。

（2）强调家长对老师的信任。让整个中心成为信任的团结协作的集体，这样，整个中心才能越来越好！

七、家长班剪影

我们要以正向思维面对生活难题！

乐观五式
1. 停车·捕捉悲观想法
2. 客观·分析解决方法
3. 定立·目标,选取最佳方法
4. 依计·行动按部就班
5. 检讨成效,从长计议

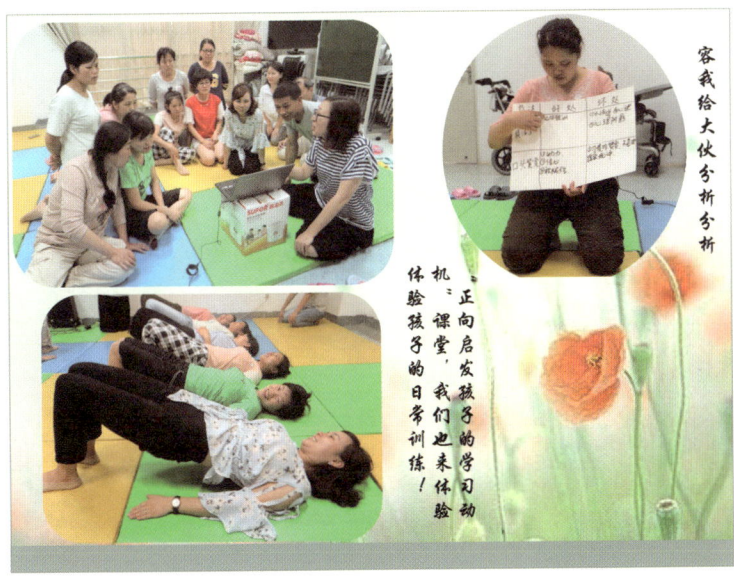

我给大伙分析分析

正向启发孩子的学习动机；课堂，我们也来体验体验孩子的日常训练！

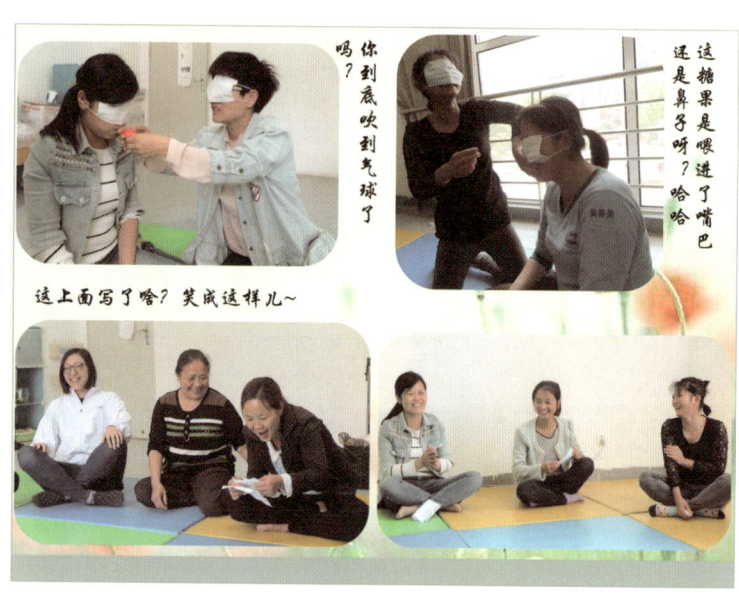

一起做做保健操，常常锻炼身体好！

我们玩呀跳呀，好开心呀！哈哈~

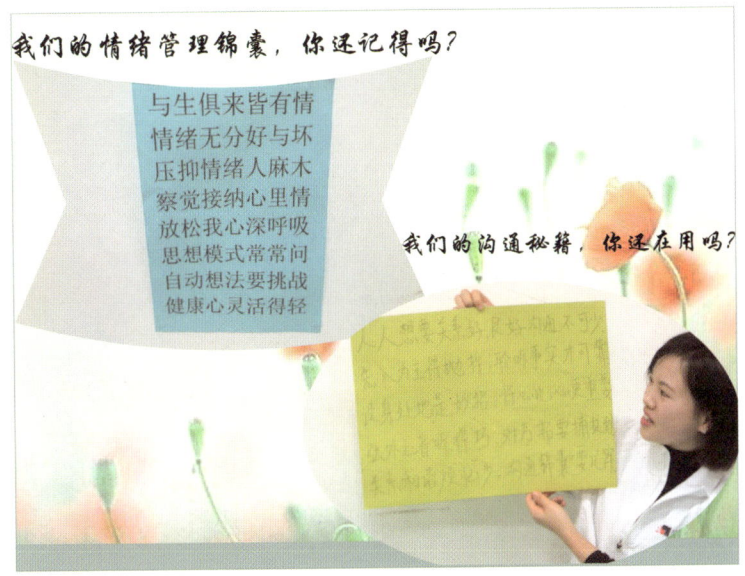

我们的情绪管理锦囊，你还记得吗？

与生俱来皆有情
情绪无分好与坏
压抑情绪人麻木
察觉接纳心里情
放松我心深呼吸
思想模式常常问
自动想法要挑战
健康心灵活得轻

我们的沟通秘籍，你还在用吗？

在沟通课堂里一起学习 一起玩你来比划我来猜 一起分享

一起学习情绪管理 一起看励志短片 一起玩游戏

在这里，我们可以尽情表演~

一起看《头脑特工队》

写下我们的心情指数线，我们每个人都很不同，但我们学着相互尊重、相互接纳、相互扶持！

秀一秀我们共同的劳动成果，满满的幸福与成就感呀~

我们积极参与

我们一起讨论

我们用心表演小话剧

家长班记录了我们的泪水与欢笑~

有家人要毕业离开了,我们写下最真挚的祝福,无论去到哪里,家长班都是一家人!

我们家长班的全家福里期待有你的身影！

第三节　厦门市湖里区小蜗牛身心障碍者家庭支持中心——爱心同乐日

一、厦门市湖里区小蜗牛身心障碍者家庭支持中心简介

2012年3月，患有肌张力障碍型脑瘫的乔博和其他几位脑瘫的孩子一起在厦门小树苗（现名厦门诺苗）接受引导式教育。他们可以根据自身的能力像普通孩子一样读书和生活。在这里老师们教导他们如何生活自理，如何认知识字。接受过引导式教育的家长们看到孩子们日新月异的进步，甚是欣慰，也希望帮助到更多的特殊家庭。

2015年5月21日，厦门市湖里区小蜗牛身心障碍者家庭支持中心成立了！它是由七位身心障碍孩子家长发起设立的。厦门市湖里区小蜗牛身心障碍者家庭支持中心（以下简称"厦门小蜗牛"）创办之初就得到了湖里区民政局的大力支持，免费入住湖里区社会组织创业园区，小蜗牛注册地和办公室都位于创业园区。

图4.3.1　小蜗牛的创会成员

"厦门小蜗牛"的宗旨是：促进身心障碍者实现其自身价值和社会价值。这是创办"厦门小蜗牛"的七位家长的共同心声！也是所有厦门小蜗牛家长们的心声！

"厦门小蜗牛"的家长们期待在有效促进自家孩子的康复成长的同时，带动其他身心障碍孩子家庭共同努力，有效促进政府和社会资源切实帮助身心障碍孩子们的康复、教育、就业、家庭及养老等系列人生规划。

除了以下介绍的小蜗牛爱心同乐日，"厦门小蜗牛"曾举办及现在继续举办的项目有：

1. 家庭喘息服务项目：2016年初，"厦门小蜗牛"借助湖里区民政局的支持，发起了家庭喘息服务项目。本项目由厦门小蜗牛和厦门诺苗、晨昇公益、益城社工等机构联合开展，通过对家庭喘息服务志愿者进行系列培训与实践练习，组织志愿者对身心障碍家庭提供喘息服务支持。

2. 融合教育倡导月项目：2016年10月，"厦门小蜗牛"参加全国家长组织联盟发起的融合教育倡导月厦门地区的活动，通过融合教育宣传倡导活动促进身心障碍孩子融合教育的进步。2017年5月，"厦门小蜗牛"发起了融爱行2017项目，得到了小蜗牛爱心基金的支持。项目目标是促进身心障碍儿童得到合适的教育，通过家长小组与市教育局、市特殊教育资源中心、普通中小学校等沟通协作，共同促进身心障碍儿童的入学与教育。融爱行项目内容有：融合教育家长小组活动和不一样的春游活动、阳光课堂等融合教育实践试点活动。

3. 支持性就业项目：2017年4月，"厦门小蜗牛"得到湖里区慈善会的大力支持,发起了支持性就业项目。该项目是通过引入专家团队的专业支持,培训就业辅导员,链接爱心企业,就业辅导员陪护身心障碍人士就业,支持就业者本人、家庭和企业,共同促进身心障碍人士的成功就业。本项目主要工作是:就业辅导员培训,与爱心企业的对接、家长小组培训与支持等。

4.趾印计划:是对身心障碍孩子家长的支持赋能项目,也是由参加全国家长组织联盟 99 公益日筹款发起。"厦门小蜗牛"的趾印计划主要是通过心理咨询师的专业引导,支持更多的家长为了孩子而勇敢地走出来,家长站起来,孩子才更有希望!趾印计划项目的具体活动内容主要有家长放飞心情(心理团队支持),线上家长心理讲座,家长一对一帮扶,各类型家长小组活动(能量家长小组、融合教育家长小组、大龄社区养护家长小组、Halliwick 游泳家长小组、支持性就业家长小组、爱心同乐日活动家长小组等)。

二、小蜗牛爱心同乐日

爱心同乐日活动的初衷是带领身心障碍的孩子们走出家庭,让他们享受一些普通孩子的快乐:比如一起唱歌、跳舞、集体做游戏、说故事、讲百科、吃点心……

当孩子们勇敢地走出家庭来持续参加活动以后,不仅仅是得到了短暂的欢乐,孩子们在活动中还寻找到更多的自信,更多的朋友,更多的勇敢和坚强……

爱心同乐日活动,也在一年又一年地成长着,同乐日活动带着孩子从室内走到了公园,走到了海滩,还走到了著名的可口可乐公司……

2015年开始,小蜗牛爱心同乐日活动逐步带着孩子们参加厦门国际马拉松、国际小铁人比赛、永庆路跑等有广泛影响力的比赛。同时开始做环保公益活动,开始无障碍设施的倡导活动……

图 4.3.2 小蜗牛参加厦门国际马拉松赛

图 4.3.3 小蜗牛参加融合马拉松赛

同乐日的活动也拓展体育运动资源,为身心障碍儿童平等参与体育运动提供机会。2015年6月,"厦门小蜗牛"邀请到英国Halliwick水疗协会的资深老师Ann Gresswell和香港引导式教育专家郑毓君博士共同来厦门举办了Halliwick水疗在中国的第一站培训,并从此开发了身心障碍儿童也可以游泳的先例。

图 4.3.4 小蜗牛家长邀请英国 Halliwick 导师到厦门培训

图 4.3.5 英国 Halliwick 导师在水中指导家长

图 4.3.6 英国 Halliwick 导师二度来小蜗牛培训

图 4.3.7 小蜗牛家长学而致用——与孩子在水中用 Halliwick 法游戏（一）

图 4.3.8 小蜗牛家长学而致用——与孩子在水中用 Halliwick 法游戏（二）

图 4.3.9 下水前先做拉伸热身运动

体育运动不仅仅限于游泳项目，也在尝试与迪卡侬基金会合作，开拓更多适应性体育运动。

同乐日活动也在践行融合教育。2018 年分别与开禾小学和蔡塘中学举行融合春（秋）游的活动。同学们对身心障碍儿童有了更多了解，甚至一个普通学校的同学心有所感发起了倡议：鼓励同学们和身心障碍学生共同学习、共同游玩……

同乐日活动不仅带身心障碍孩子们走出了家庭，而且汇聚了来自社会各界的志愿者参与到同乐日活动中。小蜗牛爱心同乐日成为身心障碍者及其家庭与社会双向融合的平台。志愿者们带着为身心障碍孩子付出爱的初衷来的，他们却在孩子们身边感受到了生命的勇敢和顽强！看到了由衷的欢乐和纯真！"给他阳光，他就灿烂！"

2018年5月，同乐日活动进一步走入社区融合活动，期待在社区融合活动中，促进公众与身心障碍孩子家庭的互动了解，也带给更多的身心障碍家庭走入社会的信心！

图 4.3.10　小蜗牛家庭融合同乐日郊游

图 4.3.11　小蜗牛与普通学校同学融合同乐日秋游

通过同乐日，身心障碍者及其家庭主动融入社会，家庭之间可以进行深入交流，互相激励。爱心同乐日活动不仅带领孩子们走出了家庭，也带领家长走到了一起，信息交流，相互扶持，彼此安慰，抱团取暖；带领家长提高康复训练技能，增强自信，使生活中康复、游戏康复成为可能……

图 4.3.12 家长自组交流会

通过同乐日活动,社会各界可以更多、更全面地了解身心障碍者及其家庭,了解需求,减少隔阂,促进社会融合。

厦门小蜗牛爱心同乐日已经和全国家长组织联合会共同搭建全国联网的平台,并且成为华东组的组长。

图 4.3.13 厦门小蜗牛爱心同乐日与全国家长组织联合会搭建互联平台

图书在版编目（CIP）数据

家长工作锦囊 / 中国残联社会服务指导中心主编. --北京：华夏出版社，2019.8

ISBN 978-7-5080-9777-0

Ⅰ. ①家… Ⅱ. ①中… Ⅲ. ①残疾人－特殊教育－家庭教育 Ⅳ. ①G760

中国版本图书馆 CIP 数据核字（2019）第 110771 号

家长工作锦囊

主　　编	中国残联社会服务指导中心
责任编辑	苑全玲
责任印制	顾瑞清
出版发行	华夏出版社
经　　销	新华书店
印　　装	三河市万龙印装有限公司
版　　次	2019 年 8 月北京第 1 版 2019 年 8 月北京第 1 次印刷
开　　本	880×1230　1/32 开
印　　张	6
字　　数	70 千字
定　　价	59.00 元

华夏出版社　地址：北京市东直门外香河园北里 4 号　邮编：100028
网址：www.hxph.com.cn　电话：（010）64663331（转）
若发现本版图书有印装质量问题，请与我社营销中心联系调换。